U0510080

天心阁

华历史文化名楼】

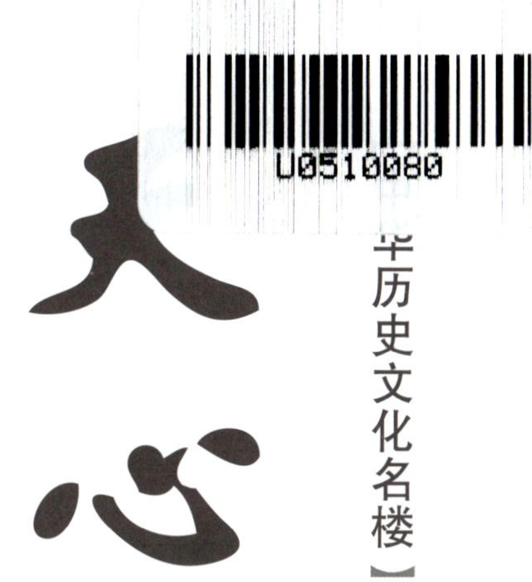

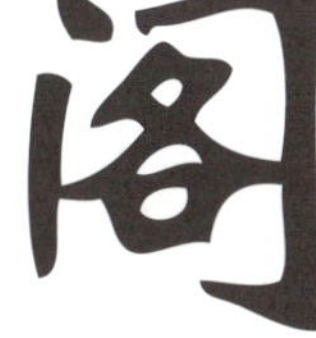

陈先枢 编著

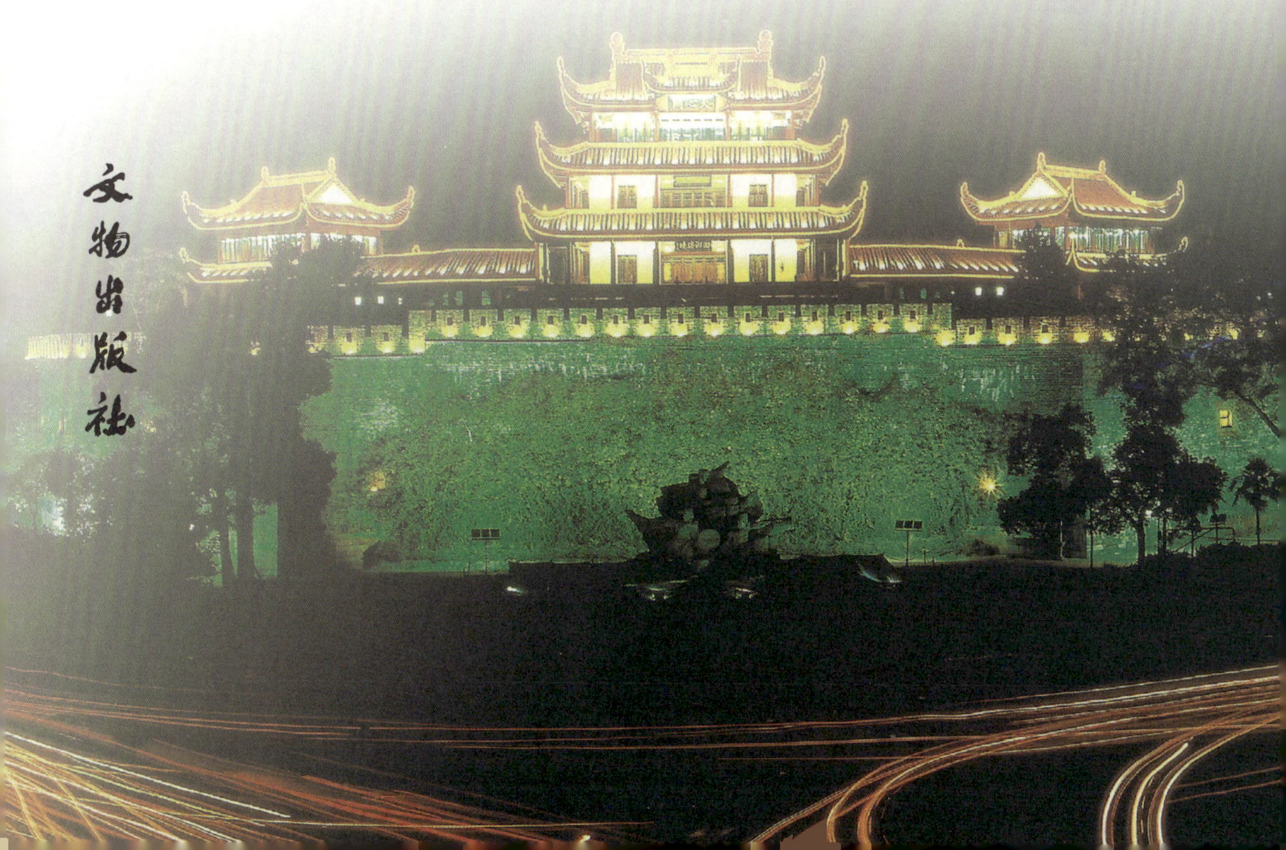

文物出版社

图书在版编目（CIP）数据

天心阁 / 陈先枢编著. —北京：文物出版社，2012.9（2018.12重印）

（中华历史文化名楼）

ISBN 978-7-5010-3558-8

Ⅰ. ①天… Ⅱ. ①陈… Ⅲ. ①楼阁—介绍—长沙市 Ⅳ. ①K928.74

中国版本图书馆CIP数据核字（2012）第218805号

中华历史文化名楼

天心阁

编　　著：陈先枢
责任编辑：李　睿
责任印制：张道奇
封面设计：薛　宇

出版发行：文物出版社
社　　址：北京市东直门内北小街2号楼
邮　　编：100007
网　　址：http://www.wenwu.com
邮　　箱：web@wenwu.com
经　　销：新华书店
印　　刷：文物出版社印刷厂
开　　本：787×1092　1/16
印　　张：11
版　　次：2012年9月第1版
印　　次：2018年12月第2次印刷
书　　号：ISBN 978-7-5010-3558-8
定　　价：50.00元

本书版权独家所有，非经授权，不得复制翻印

《中华历史文化名楼》丛书编辑委员会

主　　编: 邹律资

执行主编: 张国保　李建平

编　　委: （按姓氏笔画排列）

冯子云　包　静　叶增奎　李安健　李建平

邹律资　张少林　张国保　徐　忠　黄二良

寇润平　韩剑峰　虞浩旭　霍学进

目　录

潇湘古阁，楚汉名城。天心阁是历史文化名城长沙的文化符号。它集“中国历史文化名楼”、“国家 AAAA 级旅游景区”等称号于一身，其悠久的历史、厚重的文化和传奇的故事，在一定程度上就是古城长沙的缩影。天心阁横亘于长沙古城东南角龙伏山山脊之巅，矗立在雄伟高大的古城墙之上，大有“古阁入天心”之势。曾任《四库全书》总阅官的大学者李汪度所作《重修天心阁记》，道出了天心阁的建阁初衷，即“振人文而答天心也”。天心阁是湖南省唯一保存完整的，规模宏大的，集城墙、瓮城、阁楼、园林于一体的古城池建筑群，其文物价值、科学价值和历史价值不可估量。天心阁自明代起就是迁客骚人登高聚会之所，流传下来的名诗佳联数以千计。到近代，天心阁又成了政治风云的聚会之所，太平天国运动、戊戌维新、辛亥革命、抗日战争等都在这里上演了一场场惊心动魄的历史大剧，巍巍古阁成了中国近代史的见证。登上天心阁，放眼湘江北去，岳色南来，顿生天高地迥、心旷神怡之感。

前　言

长沙，湖南的省会，国务院首批公布的24个历史文化名城之一。周代按星宿分野，“长沙星”所对应的这片地方就叫长沙，故长沙又称“星沙”。长沙楚汉时就建有城邑，曾是屈原、贾谊流寓之地，有楚汉名城之称。长沙旅游景点众多，文物遗存丰富，被国家授予优秀旅游城市称号。今辖芙蓉、天心、岳麓、开福、雨花五区和长沙、望城、浏阳、宁乡四县（市），总面积11825平方公里，人口700万。

长沙地处湘中丘陵与湘北平原的过渡地带，东倚罗霄，西接武陵，南依衡山，北瞰洞庭，属亚热带季风区，气候温和，雨量充沛，四季常青。长沙城以岳麓山为屏，湘江为带，橘子洲浮碧江心，浏阳河曲绕城外，湖泊星布，冈峦交替，山水洲城浑然一体，生态环境堪称一流。

长沙地处东南沿海和长江流域的交汇地带，是东部连接西部的桥梁，

在全国东靠西移、南北对流的战略布局中，发挥着承东启西、联南接北的枢纽作用。长沙交通发达，京珠、长益、长浏等高速公路和 107、319 等国道在境内相联；铁路四通八达，武广高铁、沪昆高铁、京广、浙赣、湘黔、石长等线在长沙相汇；黄花机场为国际空港，已开通百多条航线；水路北出洞庭，通江达海。

长沙城约建于公元前 800 年，自古以来就是湖湘首邑。在这片古老而神奇的土地上，名胜古迹随处可见，全市现有各级文物保护单位 156 处。地下文物瑰宝更是层出不穷。中国最大的古乐器商代大铜铙，最早的古地图“长沙国南部地形图”，最早的毛笔和第一把钢剑都出土于长沙。被誉为“世界第八大奇迹”的马王堆汉墓出土的文物和保存完好的西汉女尸，以及被誉为中国 20 世纪最重要考古发现之一的三国孙吴纪年简牍，更是举世瞩目，令世人惊叹。

春秋战国时期的长沙是楚南军事重镇，秦代始立长沙郡，汉初长沙国建都长沙，名临湘，长沙王吴芮筑城已初具规模。东汉至三国时期长沙为长沙郡之郡治，两晋南朝时长沙为湘州之州治，隋唐时长沙为潭州之州治。五代时期马殷以长沙为都城建立楚国。到宋真宗咸平三年（1000），长沙已成为全国闻名的商业城市，诗人张祁有诗云“长沙十万户，游女似京都”。《元丰九域志》曾列举宋代 20 万人口以上的城市 6 处，其中便有长沙。宋代长沙是潭州的治所，故长沙又有潭州的别称。北宋熙宁十年（1077），潭州商税达 9.2 万贯，仅次于杭州、开封、楚州，在全国居第 4 位。宋代

1911 年长沙古城全景，其南端即为天心阁

天心阁与古城长沙

长沙也是一座文化之都。公元976年创建的岳麓书院，是宋代四大书院之首，全盛时期有“道林三百众，书院一千徒”之誉，是世界上延续至今的高等学府中建立最早的一座。南宋理学大师朱熹、张栻在这里讲学，形成了著名的湖湘学派。湖湘学派的一个鲜明特点，就是把传习理学的教育活动同经邦济世、解危救难的强烈经世愿望紧密结合在一起，反对为学“不充实用的腐儒”学风，而主张“通晓时务物理”、“留心经济之学”。

元代长沙是天临路的治所。明代长沙是管辖12县州的长沙府的府治，这种建制一直延续到清末。元明时期，长沙更趋繁盛。《马可·波罗游记》

所记载的元代沿长江的新兴商业大城市中就有潭州。“湖广熟，天下足”的民谚也是从这时流传开的。长沙的政治、文化中心地位更为突出。元明两代，长沙造就了不少文化名人，如欧阳玄、冯子振、李东阳、周圣楷、陶汝鼐等。

清代以后，长沙名人之多，对中国历史影响之大，成为长沙历史文化的主要特色。康熙三年（1664），两湖分藩，长沙即成为湖南省的省治。雍正元年（1723），两湖分闱，长沙单独设立贡院，从此，大批湖湘学子云集长沙。湖南近代几个人才群体，先后有贺长龄、陶澍、魏源，曾国藩、左宗棠、郭嵩焘，唐才常、沈荩、陈天华、黄兴等都就读于长沙岳麓书院或城南书院。他们在政治上力倡“师夷长技以制夷”，使湖湘学风为之一变，新风骤起。

自湘军崛起以后，长沙在历次政治风云中都以“心忧天下，敢为人先”的形象展现在世人面前。戊戌维新期间，长沙是全国唯一忠实推行新政的省会城市，变法失败，谭嗣同成为为探求中华富强之路而最早献出生命的改革先驱。辛亥革命武昌起义，长沙率先响应，黄兴成为与孙中山齐名的革命领袖。五四运动前后的长沙，曾是毛泽东、蔡和森、何叔衡、刘少奇、李维汉、李富春等无产阶级革命家从事革命活动的地区，是中国共产党的诞生地之一。大革命时期，长沙是轰轰烈烈的两湖大革命的中心。其后，湘赣边秋收起义、进军井冈山的号角在这里吹响，长沙成为“星星之火”的燎原之地。抗日战争时期，日军三攻长沙不下，使长沙更具英雄气概。

1949年8月4日，程潜、陈明仁两将军在长沙通电和平起义。8月5日，

天心阁古城墙

中国人民解放军进驻长沙。古城从此焕发青春，迈向新的辉煌。

天心阁坐落在长沙老城东南角的古城墙上，是古城长沙的标志。今存城墙系明洪武年间在宋元古城墙基础上重建，阁楼也兴建于此时，重修于清乾隆年间。昔日对联“四面云山都入眼，万家烟火总关心”道出了天心阁的气势与情怀。旧说此处地脉隆起，有文运昌隆的祥兆，因而天心阁也曾名文昌阁。辛亥革命以后，长沙修筑环城马路，拆除旧城墙，仅留下天心阁一段，作为历史的见证。有联云：“阁上九霄迎日月，城留一角看江山。”

天心阁古城墙系明洪武（1368~1398）年间，长沙守御指挥邱广营建，宋元所筑土城墙全部改用石基砖砌。明末，张献忠率大西军攻入长沙，城墙曾遭破坏。清顺治十一年（1654），洪承畴经略长沙，拆运明藩王府砖石，又令长沙府各县烧制大批城墙砖，全面修筑城墙，使长沙再度“城池崇屹，甲于他郡”。清咸丰二年（1852），太平军攻打长沙之后，湖南巡抚骆秉章、毛鸿宾、恽世临、李翰章、刘崐等先后重修，天心阁段古城墙着力加固，设炮台9座，并加固瓮城，使古城墙呈半环拱式内双城格局。

今存天心阁古城墙，长251米，高13.4米，顶面宽6.1米，占地5125平方米。1983年，湖南省人民政府、长沙市人民政府曾拨款全面维修，并公布其为湖南省重点文物保护单位。

天心阁建于明代，明末善化廪生俞仪作有《天心阁眺望》诗：

楼高浑似踏虚空，四面云山屏障同。

指点潭州好风景，万家烟雨画图中。

清乾隆初，长沙城东南城头上有天心（又称天星）、文昌两阁，分列左右，今天心阁主阁所在为文昌阁。乾隆中期，因原天心阁废圮，乃重修文昌阁，并冠天心阁之名。乾隆四十二年（1777），天心阁大修，曾任《四库全书》总阅官的大学者李汪度出任湖南学政，作《重修天心阁记》，记云："会城东南隅，地脉隆起，崇垣跨其脊……冈形演迤，遥与岳麓对，上建天心、文昌二阁以振其势，后乃额天心于文昌，而省其一焉。"天心阁段城墙及

天心阁黄昏

天心阁正好建在龙伏山的山脊之上，上应天心，下镇风水，气势磅礴。龙伏山为西北至东南走向，纵贯长沙老城，是长沙的风水宝地。此后，天心阁一直被视为古城长沙的标志，为官民所器重。嘉庆、咸丰、同治几朝均有修葺。清光绪《湖南通志》称："天心阁险要为一城最，故工费尤巨。"

1923 年，长沙开始拆除城墙，天心阁及其所在城墙因属古城胜迹，被保留下来。1924 年辟为公园，将旧阁修复，并于阁两侧仿北京文澜阁增建二阁，以游廊连接。1928 年又予以重建，更加巍峨。1933 年后市政府又在天心阁下辟建儿童公园。园中还建有熏风亭，亭中有市长何元文撰写的《熏风亭记》。1938 年 11 月长沙大火中，天心阁化为一片灰烬。中华人民共和国建立以后，长沙市人民政府将此处建为公园。1983 年在旧址重建天心古阁，1984 年 12 月竣工，终于恢复了古阁的雄姿旧貌。天心阁由主、副三阁组成，以两侧长廊相接，为弧状布局。主阁居中，高 14.6 米。下为花岗石基台，有白石雕花护栏，石狮栏柱。上为 3 层阁楼，仿木柱支撑，白色粉墙，三重檐歇山顶，盖栗色琉璃瓦，檐角飞翘，檐脊、顶脊均为黄色琉璃瓦。顶檐之下，东悬"天心阁"匾额，西额"楚天一览"。扶梯登阁，直上三楼，遥对蓝天，清风拂面，俯首四顾，全城景色俱在眼底，仿佛置身天际。两侧附阁为二层，也是歇山顶，与主阁相映，浑然一体。正如清朝乾隆年间诗人李绍隽所吟：

城南耸高阁，直与丹霄薄。
插顶上天门，扪觉星斗落。
我今一登临，极目真寥廓。
物色卷横空，烟霞飞漠漠。

湘水作带环，麓屏为扃钥。

远浦送帆来，晴岚凝翠幔。

雁字写长天，渔叟沿江泊。

塔峰指顾间，万户倚楼脚。

举目白云低，风动响铃铎。

胜迹昭古今，纵笔摇山岳。

天心阁不仅是长沙的观光胜地，而且有着重要的历史纪念意义。清前期，这里为湖南省会的防守要区和军事禁地，有兵勇驻守，百姓不能入内。1852年9月，太平军攻打长沙，西王萧朝贵在天心阁下阵亡，太平军不克而去。清末，湖南维新志士和革命党人常在此开展活动。1905年，禹之谟、陈家鼎受黄兴之托，在长沙组织同盟会湖南分会，其机关办事处即设于天心阁三楼。1911年广州起义前夕，长沙新军革命党人刘文锦聚集同志在阁上开会，密谋响应。武昌起义后，陈作新又邀约新军同志在阁中议事，策划长沙起义。青年毛泽东在湖南第一师范求学时常与蔡和森等学友一道来到天心阁，锻炼身体，畅谈理想。1928年“五三”济南惨案后，天心阁午炮亭旧址建起“国耻纪念亭”。亭内竖一石刻地图，展示出中国遭列强欺凌与山河破碎的情状。1938年长沙大火后，周恩来赶赴长沙领导救灾工作，曾与蒋介石、陈诚等登临天心阁城头，视察灾情。1939至1942年中日三次长沙会战，长沙城的制高点天心阁成为敌我双方的主攻目标。三次会战日军都从长沙败退，大长国人志气。峨峨古城，巍巍古阁，又成了长沙近代历史的见证。名流雅士登上斯阁，总大开眼界，好诗佳联脱口而出。曾任民国湖南省教育厅厅长的湖南省文史研究馆副馆长黄士衡《长沙天心阁》

联云：

高楼逼诸天，且看那洞庭月潇湘雨衡岳烟云，十万户棋布星罗，到此一开眼界；

江山留胜迹，最难忘屈子骚贾生策朱张性理，数千年声名人物，有谁再续心传。

天心阁夜景

上篇　古城沧桑天心阁

一、长沙古城池的沧桑岁月

天心阁矗立在长沙古城东南角的城墙之上，建于明初，已有600多年历史。而长沙古城池的历史可追溯到2000多年前的楚国。天心阁下的这段古城墙，高13.4米，顶面宽6.1米，长251米，为古代长沙城墙全长的三十五分之一。今已成为当代人回望历史，凭吊先贤的旅游胜地。

在长沙这一古老而神奇的土地上，距今20万至15万年的旧石器时代就有原始先民生息繁衍。至春秋时期，长沙便被纳入楚国版图。战国时期，长沙就有城邑，并为楚南重镇。根据考古专家对大量发掘出土资料的判断，战国时期长沙城的位置和范围是：东在黄兴路和蔡锷路（今名，下同）之间，南到坡子街一带，西临下河街，北在五一路与中山路之间，这一范围东西长700余米，南北宽约600米，与后来的长沙城相比，真可谓是“弹丸之地”。

从战国至今，长沙建城邑已有2400年左右的历史。2000多年以来，长沙的中心位置一直没有移动，只是在旧城的基础上不断改造，不断拓展。

西汉初年，番阳令吴芮被封为长沙王。汉高祖五年（前 202），封立长沙国，原秦朝长沙郡治“湘县”改称为“临湘县”，故称长沙国的都城为“临湘故城”。北魏郦道元所著的《水经注》，其“湘水”篇中说：“汉高祖五年以封吴芮为长沙王，是城即芮筑也。”吴芮修筑的土城，南城墙约在今樊西巷稍南；北城墙在五一路与中山路之间；东至东庆街、东正街，东北角到小吴门附近；西滨湘江，西北角到了大西门，略呈正方形，面积约 1.5 平方公里。城池内还建有吴王殿，殿西正对贾谊故居，位置在今五一大道

明崇祯长沙府志所载长沙城池图

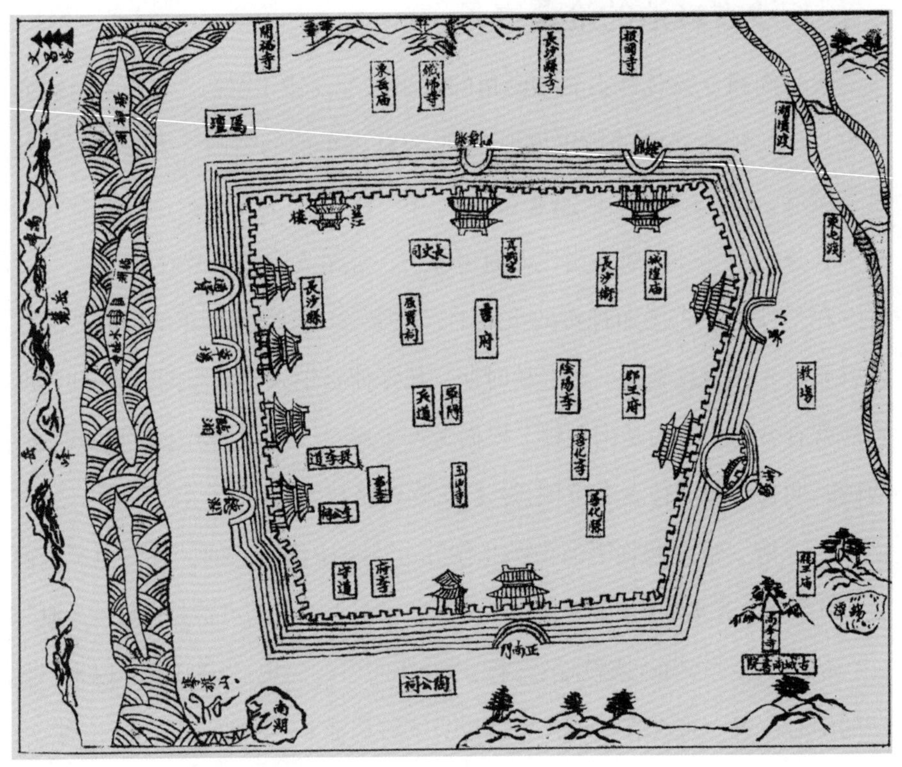

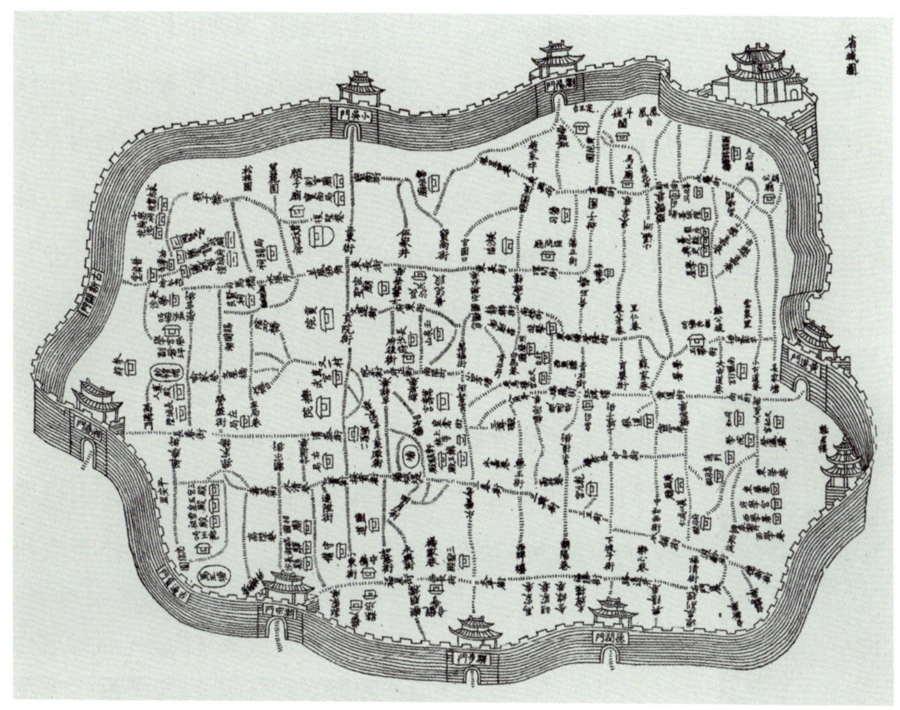

清光绪善化县志省城图，东南角上天心阁巍然屹立

至司门口之间。1987 年五一广场地下挖掘发现的巨大夯土台基，证实为汉代遗存。湘江西岸三汊矶的三石戍城（古营寨堡垒）至今留有土城遗迹，估计至迟不晚于西汉初年。

魏晋六朝时长沙城垣有所增益。其城垣除原有汉朝的临湘旧治外，尚在南墙外下黎家坡以北设有新治。

隋唐时期，长沙城垣外四周绕有水面宽阔的护城河，河上有桥梁，城墙辟有多座城门，城垣东至小吴门、浏阳门，南至南门口，西沿大小西门附近，北为司马桥、戥子桥、活元桥以南。今青少年宫后的六堆子即为唐代北门长乐门的遗址，司马桥、戥子桥诸桥为跨越护城河的桥梁。在今碧湘街与西湖路之间辟有碧湘门；今天心阁下东城墙在浏城桥至天心阁一线山脉龙伏山以西，从城北的戥子桥经顺星桥往南经落星田、古稻田直至天心阁西北方向的高码头，是当年东城墙外护城河的流经之处。东城墙上辟有浏阳与醴陵两座城门，当时的浏阳门在今浏正街与都正街相交处往北经落星田至小吴门之间。

明洪武年间天心阁城墙砖

宋代之前的五代，长沙为马楚王朝的都城，北城墙已扩至今开福寺以南湘雅路一带，后因兵毁。北宋时长沙城围曾达“二十二里九步”。由于战事频繁，土城墙屡遭损毁，南宋绍兴二年（1132），湖南安抚使兼潭州

清咸丰年间天心阁城墙砖

知州李纲着手修复城垣，以长沙城太大，难以守备为由，奏请将城垣截去三分之一。次年接任的折彦质又奏请此事，后直至景定元年（1260），向士璧任湖南安抚使兼潭州知州时，这个截城三分之一的工程才得以完成，即北城墙移建至今湘春路一线，长沙的城围便缩小到了“十四里有奇”，基本接近明清城垣。民国初，拆除旧城垣时在兴汉门城墙内发现宋代向士璧题写的“云阳门”青石门额。至此，长沙城垣的格局最终完全确定，其范围南止城南路，北止湘春路，东枕龙伏山，西临湘江。整个城市负山面江，直到民国初年拆除城墙时止，虽屡经兴废，但其范围却并无改变。由此可知，长沙古代土城墙扩建到现天心阁处，距今已有上千年历史。

清末长沙南门口南熏门

清朝末年天心阁下乱坟冈

长沙的土城池，经历了数次残酷的战争磨难，城池严重毁损。在明代以前，三国初期，便有吴蜀的长沙之争、南北朝时的二萧长沙之战、南宋建炎四年（1130）金兵的破城屠城。南宋末德祐元年（1275）元军南下攻打长沙城，时任湖南安抚使兼潭州知州的李芾（衡阳人）动员全城军民，苦守土城墙3个月，弹尽粮绝，援军不至。城破在即，与李芾一道守城的受聘参谋尹谷（长沙人，岳麓书院老师）领全家举火自焚。李芾感叹不已，令部将沈忠处死自家老少，然后自刎而死。沈忠也效法李芾殉难。在潭州保卫战中英勇无畏的几百名岳麓书院的学生，城破后大多自杀殉国，守城功臣安抚使参议杨霆（衡阳人）也举家殉难，许多老百姓也坚强不屈，誓死不当元军俘虏。史料称“多举家自尽，城无虚井，缢林木者，累累相比”，何其悲壮！

元军破长沙，城池夷平，但剩颓垣残壁。明初，各地方政权为了守好一方土地的平安，纷纷加修加固城墙，以防止外来侵扰和加强城内治安。长沙在明洪武五年（1372）也展开了大规模的城垣修整工作。长沙守御指挥使邱广，以砖石对土城墙进行全面改造。城基全部用整块石条砌到八尺高，石基以上到女墙顶部均用特大青砖砌成，使之上下完固。其时城墙砖由长沙府12县州负责烧制，今发现烧刻在城墙砖上最早的纪年为“洪武七年八月”，有的城墙砖上还烧刻有窑户和监制官员的姓名，如“长沙府礼（醴）陵县提调官陈福”等。修整后的长沙城墙，从基脚到顶部有两丈

四尺高，周长两千六百三十九丈五尺（明代一营造丈等于3.2米，故折合8446.4米），计十四里有奇，广（东西宽）五里，袤（南北长）十里。城墙上设有4679个雉堞，雉堞高两尺。城西向据湘江天险，其余三向绕以人工护城河，护城河由城南的西湖桥引湘江水经南向黄道门，东向浏阳门、小吴门，北向新开门、湘春门，绕长沙南、东、北三方后返入湘江。河深、宽各6.5米，每处城门外均设有吊桥，早晚定时启闭。这次城墙的大规模修整，耗资巨大，在长沙城建历史上是一项空前伟大的工程。

这次修缮后的长沙城池，共设城门9座，其中东2门：浏阳门、小吴门；南1门：即正南门（又名南熏门、端阳门，后改名黄道门）；西4门：德润门（后改称小西门）、临湘门（又称大西门、驿步门）、潮宗门（曾名草场门，后改称草潮门）、通货门（又称通泰门）；北2门：湘春门（又称北门、

1907年从天心阁俯视长沙城内各式屋顶

1907 年天心阁下古建筑

长乐门）、新开门（辛亥革命后改称兴汉门）。城门深宽均为一丈九尺。城内有东正街、浏正街、南正街、北正街、西正街等正街通向各个城门。各城门上皆建有城楼，还另建有钟楼与鼓楼。另在城墙东南角上建用于瞭望放哨的角楼，此即天心阁之前身。城上设有炮台、炮洞和炮眼。后又在天心阁城内修筑相毗邻的双座瓮城，以作御敌之备。此时的长沙古城的规模比现存的荆州古城大，比西安古城略小，是凤凰黄丝桥古城的数十倍。作为天心阁之基础的古城墙即为明城墙的一段。

明末，长沙战事再起，先有张献忠的大西军攻打长沙，后是清军攻占长沙。守城的长沙府推官蔡道宪宁死不降，被张献忠凌迟处死，后安葬在天心阁下的里仁坡，至今遗迹犹存；接着明朝封疆大吏何腾蛟、堵胤锡与清军在长沙展开了殊死搏战，最后以身殉明。两场大战使古城池再遭毁损。清初又开始新一轮的城池修复工程。首先是总兵徐勇、知府张宏猷于顺治

1907 年长沙城墙

四年（1647）修建加固城池，接下来是经略洪承畴于顺治十一年（1654）拆明吉王府之城砖，加高加厚城墙，使城池愈加雄峻。然而至康熙十二年（1673）冬，吴三桂叛军占据了长沙城。清廷多次派兵与吴三桂叛军在长沙城下激战，使长沙城池又遭受严重破坏。康熙十八年（1679）正月，清将贝勒察尼围岳州，直逼长沙，叛军弃城而逃，清兵入城。此后，历任长沙官员又对长沙城池进行了多次修建。从清前期算起，至道光中期的 180 余年的时间里，长沙的古城池得到了不断的增修和加固，使整个城墙巍然坚固，更加壮丽生色，以至“城池崇屹，甲于他郡”。

自平定吴三桂叛乱后，长沙古城安定了 170 余年，长沙进入了一个新的历史发展时期。

城垣屡次修缮，又先后增辟了经武门、福星门、太平门、学宫门，加前之 9 门，共计城门 13 座。清咸丰二年（1852），太平军攻打长沙，城墙被火炮轰击，千疮百孔。之后，湖南巡抚骆秉章、毛鸿宾、恽世临、李翰章、刘崐等先后重修，天心阁段古城墙着力加固，设炮台 9 座，并加固瓮城，

1911 年长沙城墙

使古城墙呈半环拱式内双城格局。今存城墙上留有这一时期修缮的痕迹，许多城墙砖上烧刻有“咸丰 × 年重修，窑户 ×××”等字迹。太平天国事息后，百姓相对安居乐业。坚固雄伟的古城池，被人们视之为赖以生存的心理保障。随着战事渐息，天心阁古城池的军事防御功能也逐渐减弱，登临游览者日益增多。清诗人熊祖熊《天心阁》诗表达了这种心情，诗云：

清波绿草媚城隈，梦里春生送酒杯。
最爱夕阳斜照里，楼台倒影入池来。

辛亥革命后，为顺应历史潮流加速经济发展，1914 年至 1917 年及以后陆续拆除明清城垣修建马路，今之建湘路、天心路、城南路、西湖路、湘江路、湘春路等均为旧日城垣所在，仅留天心阁一段险要，作历史古迹，供人凭吊游览。

天心阁下这一段古城墙，因处龙伏山巅，相对其他地方而言，拆除工

程的难度最大。时至1924年下半年，全城其他地方的城墙均已拆完，仅剩下了天心阁下这一小段未拆。其时，以市政公所总理曹典球为首的一批文化人早有提议：要求保留天心阁下这段城墙，作为文化遗迹，供后人凭吊历史。但是有关方面仍然决定一并拆除，曹典球力陈不可，并声言“誓与城墙共存亡”，最后在多方的支持与努力之下，当局最终决定保留这段城墙与天心阁，修改了环城马路规划，将原拟拆除天心阁后开辟的路段改为绕城墙而过。从此，天心阁便成为供世人访古寻幽的千古名胜。

二、星野之说与龙脉之说

天心阁初为长沙古城墙东南转角处的一座角楼，亦称谯楼、望楼，建在号称长沙龙脉的龙伏山山巅的古城墙之上，初建时担负着军事防御、消防瞭望和上观星相祭天神、下镇风水的四大功能，既是一座登高望远的瞭望塔，又是祭天的灵台，还是一座镇风水的风水楼。在长沙方言中，角与阁同音，久之“角楼”便衍化成更为文雅的“阁楼”，并起名为天星（心）阁。它与现存城墙同建于明代。城墙建于明洪武之初，已有明确记载，但阁楼建造的准确时间尚待考证。今发现有关天心阁的最早记载是明万历四十一年（1613）善化县（明清两朝长沙、善化两县同城分治）知县唐源在《分地方申详》中阐述善化县在长沙城辖地范围时的一段话：“善化所辖城内地止一铺、二铺、三铺，不过自县治北抵织机巷，南抵天星阁，东抵王府稻田，西抵三府大街而已。”李汪度《重修天心阁记》明确指出“心旧作星”。可见，天心阁早在明万历以前就存在了。本书作者以为，城墙与阁楼的修建应该是同步进行的，因为城墙乃是阁楼的基础，城、阁实为一体性建筑。据历史资料和城建勘测资料，天心阁段古城墙的基础远比其他地段乃至城门处的基础深厚和坚固。此段城墙为内外双层，内外墙之间还建有大规模的双瓮城，没有坚固的基础是不可能的。明初修筑长沙城墙时，东南角上并未设计城门和城楼，其时加深和加固该段城墙之基础，只能是为了在城墙上修建阁楼之需要。按此推断，天心阁的历史极有可能已有600多年了。

角楼，顾名思义，是建在城墙转角处的楼，中国许多城市都有之。

长沙古城墙的东南转角

清末长沙城墙东南角上的天心阁，犹见山脉隆起之势

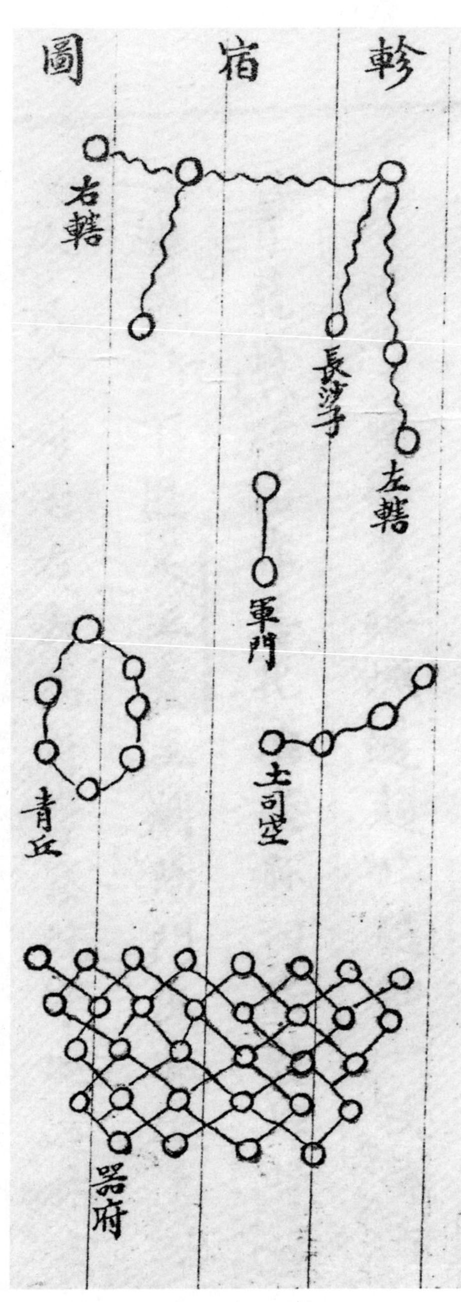

明崇祯长沙府志载长沙轸宿图

如北京紫禁城城墙四角均建有角楼。角楼作为防御性建筑，其功用即在此可以俯视两个方向甚至四个方向的地面之物。清郭崑焘《修天心阁记》有"察城瓮、谯楼之陊者陁者，彻而更新"之记载，亦可证天心阁最初是作为角楼（谯楼）而建的。角楼建在长沙城的制高点，可以说是守卫长沙城的最佳哨所。明代湖南最高军事指挥机构——都指挥使司就设立在天心阁下的今都正街，也从一个侧面印证了天心阁的军事性质。因为一旦有敌来犯，即可以最快的速度将信息传递到军事指挥所。与其他城市的角楼相比，天心阁还多了一重瞭望火警的功能。清光绪《善化县志》载，阁上有报警钟，"凡省中回禄，闻钟声叩报，到处皆知"。清末学者黄兆枚为主阁所撰的对联"四面云山都入眼，万家烟火总关心"

民国初期从天心阁西面古稻田老街仰视天心阁

即含有这重意义。

然而，明朝建立以后近300年长沙无战事，天心阁的军事功能渐渐淡化，而祭祀功能却逐渐凸现。有明一代，无论是官方，还是民间，观星象、拜天神、看风水之风都很盛行。天心阁因“会城东南隅，地脉隆起，崇垣跨其脊……冈形演迤，遥与岳麓对”，自然成为官民观星象、拜天神、镇风水的最理想场所。

星野之说古已有之，但最流行的时代是明代。明崇祯《长沙府志》卷一开篇首页就说：“国有分野舆地之气，与星相属，有事则见于天。登灵台而望云物，考顺逆而察灾祥，修省消弥，于是乎在作《星野》。”由此可以推断，明代建在长沙地势最高处的角楼，不仅是最初的哨所和瞭望塔，后来也成了观星相、祭天神的“灵台”，所以天心阁也叫“天星阁”。《周礼》云：“观象于天，法类于地。”按这种以星象在地上的投影划分大地方位的观点，即按星宿分野，南方七宿叫朱雀，在朱雀的尾巴上有颗小星，叫“长沙星”。与轸宿“长沙星”对应的这片地方就叫长沙，故长沙又有“星沙”的别称。《长沙府志》在引用大量古籍后说：“长沙一星，在轸中主寿命，明则多寿，子孙有庆。”故“长沙星”又叫“寿星”。古人崇拜自然之神，如日、月、星辰、风、雨等，更崇拜主寿命的天神。所以“四面云山都入眼，万家烟火总关心”中的“烟火”不仅仅指狭义的火警，而且泛指百姓忧乐、民间疾苦，观星相、祭天神的目的乃是为民祈福，保万家平安，让“子孙有庆”。

天心阁的位置又处于长沙城东龙脉的顶点。中国古人喜欢把绵延的山脉称为龙脉。他们认为神话中的龙，就蛰伏在这些起伏的山势中，只要有画龙点睛那一笔，这条蛰龙就会破壁飞天。根据这种理论，古人认为，长沙河东主城区第一“龙”，就是今日的建湘路。它从天心阁到凤凰台，再到定王台、浏城桥、老火车站，再到小吴门、松桂园。古时是一条略呈弧形的山脉，古人称它为龙伏山，并借助龙伏山脉筑起城墙，悍卫长沙古城

1924 年前西北视角的天心阁

1925 年天心公园西轩门

的安全。民国初年拆除城墙后，修起了一条马路，即今建湘路。如今山势不再，但龙脉犹存，建湘路仍比相毗邻的芙蓉路高出十数米。更幸运的是这条龙脉昂起的龙首——天心阁奇迹般地保留下来，成了长沙的千古名胜。

关于龙伏山还有一个神话传说：大禹受舜之命，率众将涉险来湘治水，扎营岳麓，他登顶四顾，只见洪水滔天，浊浪汹涌，江河滩涂汪洋一片，土著民家园荡然无存，纷纷逃至深山野林避险，一派生灵涂炭的凄景。禹王不禁倒吸了几口冷气，遂命众将设坛岳麓山山顶（后来这一山峰被命名为禹王峰），先祭天神与水神，力控洪妖滥发魔威、危害百姓的孽行，禀请授权屠凶。二神闻罢，急持朱笔御批恩准，并授降妖法器。禹即率众将，顶风冒雨，摆开阵势，引妖出穴，杀得鳖精弃甲，水怪丢魂，跪地求饶，巧言不再兴风作浪。禹命众将把祸首押至岳麓降魔石下，叫它永世不得翻身。这一仗旗开得胜，禹王甚是开心，于是收兵回营歇息。次日，禹率众将指挥抗洪筑堤回营，来到江边洗脚，不觉身疲力乏，席地仰卧，片刻便鼾然入睡，一觉醒来，发现自己的左脚伸过江东，乍一看去，五趾如梯朝南高耸，如龙起舞，似峰突兀。禹王欢狂，飞身击掌，惊呼："巅入九霄好祀神！"于是，禹王率众疏浚江淤，堆积东岸成峰，山脊由北向东南方向扶摇直上，顶摩南斗，宛如巨龙伏卧，故谓之龙伏。洪水退了，人们重整家园，安养生息。从此，湘江两岸万世景仰禹王，人们在禹王峰摹刻了"禹王碑"，用以怀念禹王；在龙伏山顶则建起了天星（心）阁，阁内供奉天

1928 年重建的天心阁

上诸神，用以祈福消灾，强世兴家。

天心阁向西正对岳麓山禹王峰，湘江东西这两个制高点之间，形成一条通透的视觉走廊，橘子洲横卧在走廊正中。岳麓山下的岳麓书院、湘江河畔的杜甫江阁等名胜古迹都在这条视觉走廊上。以天心阁为圆心，以这条视觉走廊为半径，南至妙高峰，北至太平街的大扇形区域，为今长沙城市总体规划确定的古城风貌保护区。

从天心阁往西南和东南方向又分支两条龙脉。天心阁往西南向，由天心游路经燕子岭往南至妙高峰与大椿桥，再往西至劳动广场、雨敞坪、碧湘街。这一山脉民国初年尚存，至今仍可见其余势。天心阁往东南向，由回龙山、白沙井到小林子冲、月亮山（长沙市15中），再到侯家塘至东塘、赤冈冲，又为一龙脉。这两条龙脉犹如青龙、白虎，拱卫天心阁左右。天心阁处在主脉与两支脉的交汇点，是一藏风聚气的“穴点”。加之地势高峻，“地脉隆起”，立于上，可西瞰湘流，平瞻岳麓；东俯浏江，远眺罗霄；南对衡山，遥接云气；北面洞庭，聆听涛声，“西南云气来衡岳，日夜江声下洞庭”之感慨油然而生。

1928年西北视角的天心阁南轩

这种依山面水、山凹护卫、状若簸箕、形如坐椅的地势，在中国古代风水理论中被称之为风水大势中的“穴”位，是藏风聚气、土肥水厚、万物繁衍生息、欣欣向荣之地。这种地势，东南西三面如屏蔽，唯北面一坦平洋，犹如一个进气口，使得从北

1928 年西南视角的天心阁北轩

方南下的风在吹过洞庭湖进入长沙后，因受阻于东、南、西三面的群山，又回风于洞庭湖，旋转式地消失在长沙的空间地域，形成一种螺旋式的“气”。这种“气”影响着万事万物的生长和变化，所以，有“气”的地方就有希望，有希望的地方就是风水宝地。长沙就是这种充满希望的风水宝地。由于流经长沙城区的湘江及河西的岳麓山、河东的龙伏山均从东南往西北方向倾斜，因此进入长沙的这条进气口也呈从西北至东南走向。著名民间文化学者顾庆丰先生据此推断，长沙的风水在东南。天心阁正好在在长沙古城东南角的风水穴位上，因此，天心阁又成了长沙古城的风水楼。

星野之说和龙脉之说得到了官民的普遍认同，加之天心阁的多种至伟功能，因而天心阁为湖南历任地方官员所重，多次进行修葺，自清乾隆至民国时期，有过 5 次大规模改建或重建过程：

第一次为乾隆三十年（1765）前后，因原天心阁废圮，几任湖南巡抚王检、李因培等将原文昌阁改建为天心阁，从一层加建至两层。

第二次为嘉庆二十五年（1820），湖南巡抚李尧栋将天心阁从二层加建至三层，并在阁下加固南北两个瓮城。

第三次为同治三年（1864），湖南巡抚恽世临重建天心阁并重垒阁下城墙，将阁下城墙顶面地盘扩大七丈多，新建阁楼宽度比原来增加一倍，高度达五丈，同时新建了走廊与扶栏，阁下内城建剥岸 4 级，最下一级长三十五丈、宽五尺、高一丈四尺，最上一级长八丈、宽六丈五天、高三尺。

第四次为同治八年（1869），湖南巡抚刘崐主持改建。主阁未变，拆除原绕阁的走廊，在主阁前两侧建两层副楼，副楼前开有一条南北向通道，通道靠城墙边沿上建有石护栏。副楼南北两端建高大的垛墙，全部建筑占据城墙上的地盘，占地面积约为今天心阁的三倍。阁楼为石基全木质结构。

第五次为民国 15 年至 17 年（1926~1928），先是湖南省政府主席唐生智启动重建，后因故停工。1928 年，市政筹备处处长鲁岱接手，完成重建。主阁按原貌重建。附阁则拆除原南北二轩与复道，重建两个长条形的两层附阁，长度为原来的两倍以上。主阁一楼外两侧用木楼梯连接南北二附楼，一楼直接相通，浑然一体。惜毁于 1938 年长沙大火。

三、文昌阁与长沙科举人才之盛

清乾隆以前，长沙古城东南角上并列天心和文昌二阁。天心阁内供奉着玉皇大帝和天上福、寿诸星，而文昌阁内供奉着文昌帝君，附祀魁星。乾隆十年（1745）城南书院入驻天心阁下后，文昌帝君和魁星更加受到一心追求功名利禄的士子们的顶礼膜拜。书院还将诸生考试获隽者题名文昌阁，以鼓励生徒发奋读书，追求名第。乾隆年间书院多次修葺文昌阁及其神像，“以当文峰为今秋闱发兆”，把追求科举名第同祭拜神灵联系了起来。乃至天心阁一度遭到忽视，年久失修，至乾隆中期终于废圮。书院乃重修文昌阁，仍额“天心”之名。从此二阁并为一阁，而重修后的天心阁，祭

清乾隆长沙府志府城图上东南角城头标明天心、文昌二阁

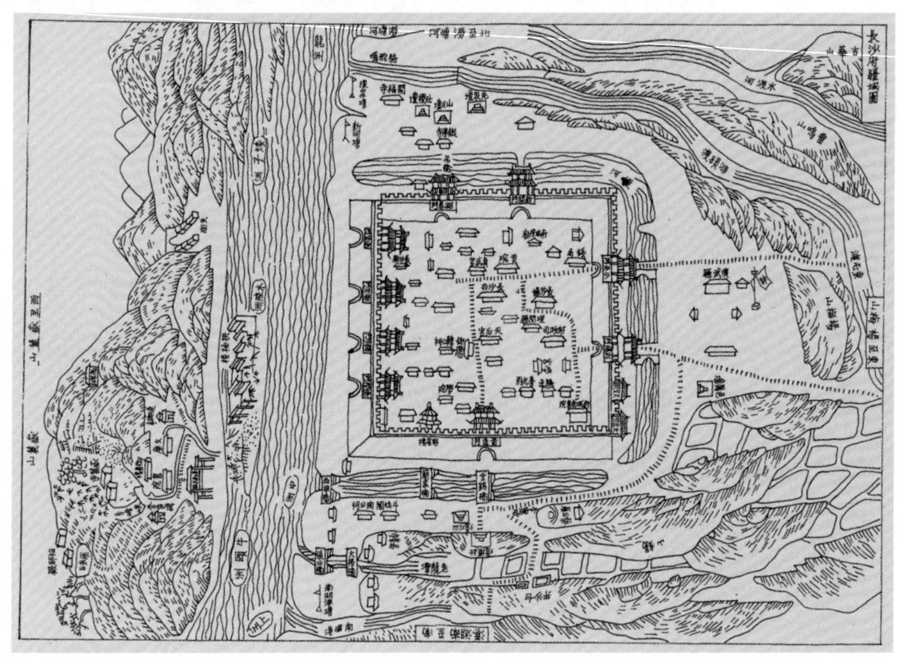

祀文昌帝君和魁星的功能不仅没有减弱，反而得到了加强。

文昌本为星名，是古代对魁星之上六星的总称，星相家认为它是主大贵的吉星，后被道教尊为主宰功名、禄位的神。清乾隆李汪度《重修天心阁记》云："文昌天宿，东近上台，司命，主寿，与长沙一星异轸同官。"中国第一座文昌阁位于四川梓潼县七曲山，建于晋代，始称张神庙，唐宋时逐步扩大，宋绍兴十六年（1146）朝廷降旨按王宫规格扩建。元代，文昌星与四川梓潼神张亚子合而为一，称文昌帝君，成为主宰天下文教之神，故文昌阁是古代学宫、书院必备的祭祀建筑，到明代"天下学宫皆立文昌祠"。

在原文昌阁旧址上所建天心阁南附阁

魁星又称奎星，常追附于文昌帝君。魁星是天上二十八宿之一，在汉代便有"奎主文章"之说。古人所绘的魁星像，头部像鬼，一脚向后翘起，正如"魁"字的大弯钩，一手捧斗，像"魁"字中的"斗"字，一手执笔，意谓用笔点定考中之人的姓名。故士子考试之前和金榜题名之时，都要跪拜文昌帝君和魁星。旧时天心阁香火旺盛，可见民间百姓对功名利禄的渴求。

清雍正以前湖南士子要远赴湖北参加乡试，许多有识之士都为湖湘许

天心客内的文昌魁星像

多优秀士生因家境贫寒不得不放弃远途的乡试而感到忧虑和惋惜，几任湖南巡抚都有分闱之意。康熙年间，巡抚赵申乔、潘宗洛、李发甲等多次上疏恳请分闱。经几任巡抚的力争，朝廷终于在雍正元年（1723）诏谕两湖分闱，谕称“湖南士子赴湖北乡试，必经洞庭湖。湖水浩潮无涯，波涛不测”，“有覆溺之患，朕心深为恻然，或致士子畏避险远，裹足不前，又非朕广育人材之意”，所述分闱理由与湖南巡抚的疏章完全相同。湖南巡抚接到上谕后，雷厉风行，于当年就在长沙城原明吉王藩地、今中山路百货大楼一带设立了贡院，设号舍 8500 间。分闱之时，湖南中额核定为 44 名，后增至 60 多名。翌年，湖南第一次单独举行乡试，参试人数比往年赴武

昌参试者陡增。从此，每逢秋闱，湖南士子云集长沙，天心阁城头上祭祀文昌帝君和魁星的香火更加旺盛。

同时，文昌帝君还是私塾、造纸、笔墨、书坊、刻字、刻石、说书、南货、绵匠、冥织等行业供奉的行业神，更加提升了天心阁的地位和人气。各业成立有“文昌圣会”等行会，每年共同推举会首直会，每岁农历二月初三文昌圣诞日，同业公议，各出份金若干，敬备花果，拈香跪拜，演戏谢神，共襄盛举。

祭祀文昌帝君和魁星的活动除民祭外，还有官祭。清乾隆《长沙府志》“文昌阁”和“奎星楼”条都有“春秋委官祭”的记载。清光绪《湖南通志·祀典》载，祭祀文昌帝君于嘉庆六年（1801）正式列入国家祀典，“岁以春仲三日暨秋种诹吉致祭”。文昌帝君神位供奉前殿，文昌帝君先代神位供奉后殿，“红饰金书，满汉合璧”。神位前设案，案前设俎，供牛、羊、豕三牲。前殿由守土正官主祭，后殿委将军执事以学弟子员祭祀，均诣神厨上香，行三叩礼。在城文武官员咸与致斋二日，教官奉姓名榜挂于阁外。“咸丰六年（1856）升祔中祀，乐用六成，舞用文舞六佾，新乐章乐谱颁直省府州县”，可见祀典之隆重。祀典陈设和仪节严格而繁琐，本文不一一赘述。

李汪度《重修天心阁记》说，重修天心阁是为“振人文而答天心”。很明显，走上仕途的学子们要报答的“天心”，实为文昌帝君和魁星。因而矗立城头的天心阁遂成了长沙乃至湖南科举人才兴旺的象征。科举制度创设于隋，以分科举士而得名。科举制度以封闭式考试录取士生，因而具有公正性和法定性；又因不计生员出身，唯才是举，能较广泛地从社会各阶层选拔人才，以“使寰区大淀，海内清一”，从而扩大了封建政权的统

治基础。据不完全统计，湖南自唐代起共有状元15名，列表如下：

——	——	——	——	——	——
李	宁远	唐	大和元年（827）	丁未科状元	贺州刺史
王世则	长沙	北宋	太平兴国八年（983）	癸未廷试第一	永州知州
朱经贯	汝城	北宋	元符三年（1100）	庚辰科廷试第一	授奉政大夫
莫　俦	慈利	北宋	政和二年（1112）	壬辰科进士第一	吏部尚书
易　祓	宁乡	南宋	淳熙十二年（1185）	甲辰释褐第一	翰林院直学士
王　容	湘乡	南宋	淳熙十四年（1187）	丁未科状元	礼部侍郎
吴必达	道州	南宋	淳元年（1241）	辛丑特科状元	礼部架阁兼给事中
贺　英	湘乡	南宋	淳十年（1250）	神童科殿试第一	早夭未仕
乐雷发	宁远	南宋	宝元年（1253）	癸丑特科姚榜第一	归隐未仕
曹一本	资兴	元	大德八年（1304）	甲辰科状元	左春坊学士
何克明	衡山	元	延二年（1315）	乙卯殿试第一	国子监丞
霍希贤	澧州	元	延五年（1318）	戊午科左榜状元	威山知州
黎　淳	华容	明	天顺元年（1457）	丁丑科状元	礼部尚书
彭　浚	衡山	清	嘉庆十年（1805）	丁丑科状元	顺天知府
萧锦忠	茶陵	清	道光二十五年（1845）	帝母寿辰恩科状元	翰林院修撰

长沙贡院旧影

但状元的多少并不能衡量一个地区科举人才的盛衰。长沙更多的进士和举人，其成就和影响远远在这些状元之上。“惟楚有材，于斯为盛。”有学者说“半部中国近代史由湘人写就”。而这些写就历史的晚清一代湖湘英才，多半出自科举。科举及其相关教育，奠定了他们扎实的国学素养，提供了他们向社会上层晋升的动力和阶梯，也塑造了他们思想与精神上的“中国硬汉”形象，儒雅和倔强共同书写在他们脸上。从陶澍、

曾国藩

胡林翼

魏源、曾国藩、胡林翼、左宗棠到陈天华、熊希龄、谭延闿，这些在中国近代史上名字响当当的湖南人，都曾参加科举，获得功名。曾国藩道光年间考中进士三甲，是殿试成绩最低等级，虽位列翰林，但他对“赐同进士出身”却一直不能释怀。举人左宗棠虽无进士功名，14 岁参加童子试中的却是秀才第一名。科举之路，是晚清这一代湖湘名人学习和成长的必经过程，他们自幼学习儒家孔孟之道，如何修身乃至获得治国之才，都和这个阶段的积累分不开。在当时的历史环境中，不经科举，他们如何能获一官半职，有所作为？士子们也知道，要获取功名，光靠顶拜文昌帝君是无济于事的，还得靠自己读书的刻苦和对纲常名教的执著。曾国藩题文昌阁联即是最好的诠释，联曰：

垂训意无穷，烁古炳今，总不外纲常名教；

读书期有用，居仁由义，岂徒在科第文章。

清代前期（至 1840 年）长沙通过举试走上仕途，官至总督、尚书、大学士的有14人，他们是：陈鹏年、彭维新、刘权之、陶澍、贺长龄、易棠、罗绕典、李星沅、劳崇光、郑敦谨、曾国藩、胡林翼等。这是长沙及湖南科举人才的鼎盛时期，自1653年开科至1840年，共75榜，湖南成进士的有441人，中举的则多达数千人，其中近半数是长沙府人士。除官至总督、尚书、大学士的14人外，还有历官巡抚、布政使、按察使和学政的10人；任侍郎、主事、六部郎中、员外郎的41人。从唐至清光绪三十一年（1905）最后一届科考，今长沙所辖地区有据可查的进士达1500多名。

咸丰以降，曾国藩以书生领军，兴办湘军，使晚清一度出现了"中兴"的局面。"中兴将相，什九湖湘"，湘军将领及其幕僚成为当时中国政治、军事舞台的主角。整个湘军系统中位至总督者15人，位至巡抚者14人。从清道光到民初，湘籍大臣、尚书、总督、巡抚、都督就有20多人，如常大淳、郭嵩焘、孙鼎臣、谭继洵、谭钟麟、劳崇光、郑敦谨、张百熙、瞿鸿禨、王之春、谭延闿、蔡锷、黄钺，等等。两江总督是清王朝极为重要的官位，它管辖着当时的江苏、安徽和江西省，是清王朝财赋的主要来源。近代两江总督共30位，湖南人就占去了9位，他们是：陶澍、李星沅、曾国藩、刘坤一（两任）、彭玉麟、左宗棠、曾国荃、魏光焘、李兴锐。除刘坤一是新宁人，彭玉麟是衡阳人，魏光焘是邵阳人外，其他都是长沙人。还有长沙人唐鉴也一度代行两江总督事。

四、李汪度作记

从清乾隆十四年（1749）《长沙府志》上所载长沙府疆域图上可见长

沙古城东南角上绘有“天星”、“文昌”二阁。今天心阁主阁所在处为原文昌阁。因原天心（星）阁于乾隆中废圮，位于天心阁下的城南书院重修文昌阁以代之，仍额曰“天心”。乾隆四十二年（1777），曾任日讲起居注官、《四库全书》总阅官的大学者李汪度出任湖南学政。他应湖南巡抚觉罗敦福之约，登上修葺一新的天心阁，欣然作《重修天心阁记》。记曰：此处“冈形演迤，遥与岳麓对，上建天心、文昌二阁以振其势，后乃额天心于文昌，而省其一焉”。他俯视四方，见此地“会城东南隅，地脉隆起，崇垣跨其脊，巽龙入脊”，发出“文治之祥”之感慨。所以，选择“地脉隆起”、“巽龙入脊”之地建阁，供奉文昌帝君和魁星，是长沙“文教昌明”之举，可达“振人文而答天心”之目的。这与主管湘省教育的最高长官的心愿是完全一致的。

李汪度（约1743~1819），字宝幢，浙江仁和（今杭州）人。出身士大夫家庭，自幼聪慧过人，刻苦力学，志向远大。他经过20余年寒窗苦读的非凡取仕历程，取得了非同一般的学识与官职地位。19岁前，他参加了本省学政巡回到当地举行的科考（也叫科试、岁考），取得合格。约在20岁时，参加了每三年一次在省城举行的乡试，以优秀的成绩获得举人资格。25岁时，参加了每三年一次在京城举行的会试，又以优异成绩中考，获得贡士称号。接着又参加乾隆帝在殿廷上的亲发策问的殿试，被赐进士出身（属二甲）。

李汪度画像

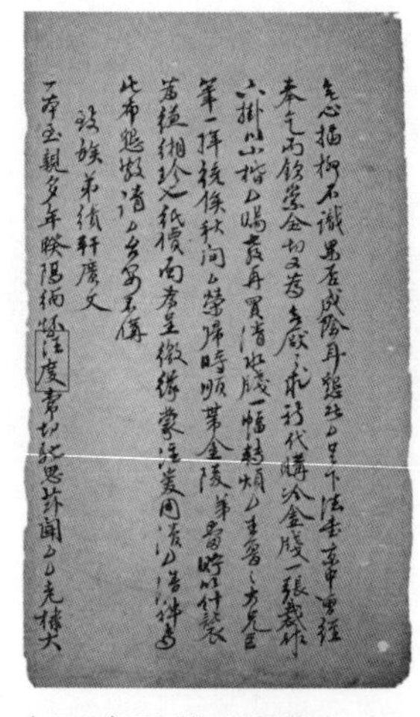

李汪度手札（局部）

李汪度在取得进士身份后，即被选入翰林院，按规定先参加了3年的学习，经结业考试获得优等，便留院任侍读学士，此时，他约28岁，获得了翰林院数一的高级官位，从此步入了意气风发的宦途生涯。

翰林院的职掌是编修国史、记载皇帝言行的起居注、进讲经史以及草拟有关典礼的文件。以大学士为掌院学士，由大臣充任，下设侍读学士、侍讲学士、侍读、侍讲、修撰、编修、检讨等职官。李汪度先是做了2年的乾隆帝起居注工作，他成了皇帝鞍前马后、形影不离的人，专门记载乾

清末绘画天心阁图

隆帝每天工作与生活中的言行举止，以作史籍存档。这项工作既要求真实、准确、全面，但也不免经常遇到一些棘手的问题，搞不好便有可能犯忌，面对眼下的一切，李汪度以他过人的聪明才智，做得游刃有余。

乾隆三十九年（1774）李汪度约31岁时，被调任湖南学政。乾隆四十二年（1777）天心阁重修后，湖南巡抚长白觉罗敦福邀请李汪度撰写《重修天心阁记》，为天心阁留下了一篇历史性的经典美文。

约在乾隆四十三年（1778）李汪度受任《四库全书》总阅官。《四库全书》总纂官是当今家喻户晓的纪晓岚（纪昀）。按照现在的说法，总阅官相当于总编审，总纂官相当于总编辑，编审的职位在编辑之上。《四库全书》自乾隆三十八年（1773）始修，经10年完成。共收书3503种79337卷，分经史子集四部，故名四库。在四库始修之初，朝廷布告全国广搜全类古籍，

清代锦画长沙天心阁

李汪度家也算是个藏书世家，当时他动员家人献书 3 车，受到嘉奖。

李汪度晚年“终养归里”，在扬州受到了乾隆皇帝的接见，这是他一生最大的荣耀。据清李斗《扬州画舫录》记载：乾隆皇帝于“甲辰（乾隆四十九年，即 1784 年）间南巡时，迎銮扬州上方寺前童压庄道旁，特邀异数”，李汪度在“特邀”之列。在任总阅官期间，他与纪晓岚共事，纪比他大约 19 岁，在当时称得上是上一辈的人了。纪一直充任四库总纂官，而李汪度是在后五年中任总阅官。一纂一阅，编书的两大关键。纂，撰写、编辑；阅，检阅、审阅、定稿之意。如此说来，总阅比总纂这个角色更加高一个层次。但是，纪晓岚的声名，历来世人皆知，而李汪度却名不见经传，这是为什么？纪晓岚的出名，一是博古通今，才学出众，世称一代文宗，撰有《阅微草堂笔记》等著作，又有世人为其辑有《纪文达公遗集》。二是他自始至终是四库总纂官，并纂《四库总目提要》。四库是一部惊世巨著，纪也因此书闻名天下。三是因为他才华横溢，世称他为风流才子，历代文人为其编写的故事很多，故使之家喻户晓。而李汪度呢？作为一个四库总阅官，在文才方面，毫无疑问是造诣非凡，但是没有发现世人对他有个什么评价。由此看来，李是一个工作与生活态度都很严谨的人，虽有才，也爱交朋友，但不喜风流，藏而不露是他的一贯本性。他既不自写传记，也不希望别人为他编故事，因此不见后人传阅他的诗文与著作。幸好天心阁为李汪度留下了一篇大作，天心阁也借《四库全书》总阅官之名扬名天下。

李汪度《重修天心阁记》收录于清末陈运溶所纂《湘城访古录》中，1984 年勒石于天心阁上，全文如下：

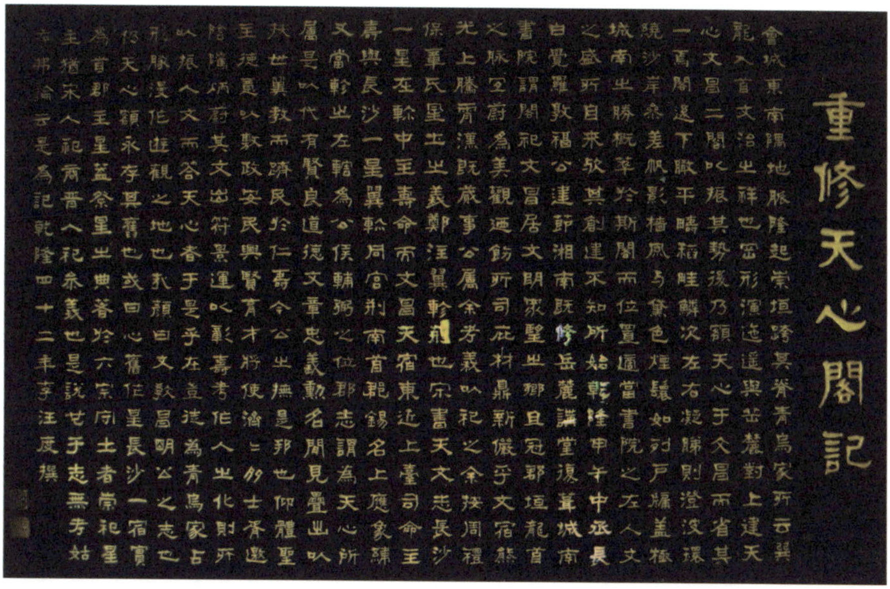

李汪度重修天心阁记碑刻

重修天心阁记

李汪度

会城东南隅，地脉隆起，崇垣跨其脊，青乌家所云：“巽龙入首，文治之祥也。”冈形演迤，遥与岳麓对，上建天心、文昌二阁以振其势，后乃额天心于文昌而省其一焉。阁后下瞰平畴，稻畦鳞次。左右凝睇，则澄波环绕，沙岸参差，帆影樯风，与黛色烟鬟，如列户牖，盖极城南之胜概萃于斯阁。而位置适当书院之左，人文之盛所自来欤！

其创建不知所始。乾隆甲午，中丞长白觉罗敦福公建节湘南，既修岳麓讲堂，复葺城南书院。谓阁祀文昌，居文明生望之乡，且冠郡垣龙首之脉，宜蔚为美观。乃饬所司，庀材鼎新，俨乎文宿熊光，上腾霄汉。

既葳事，公嘱余考义以祀之。余按《周礼·保章氏》星土之义郑注："翼、轸、荆也。"《宋书·天文志》："长沙一星在轸中，主寿命。"而文昌天宿，东近上台、司命，主寿，与长沙一星，异轸同宫。荆南首郡锡名，上应象纬，又当轸之左辖，为公侯辅弼之位。郡志谓为天心所属，是以代有贤良，道德文章、忠义勋名间见叠出，以扶世翼教而跻民于仁寿。今公之抚是邦也，仰体圣主德意，以敷政膊民，兴贤育才，将使济济多士胥邀阴骘，炳蔚其文，出符景运，以彰寿考，作人之化，则所以振人文而答天心者，于是乎在，岂徒为青乌家占形胜，漫作游观之地也哉！颜曰："文教昌明"，公之志也。仍天心额永存其旧也。或曰："心，旧作星。"长沙一宿，实为首郡主星。盖祭星之典著于六宗，守土者崇祀星主，犹宋人祀商、晋人祀参义也。是说也，于志无考，姑存弗论云，是为记。乾隆四十二年李汪度撰。

自乾隆四十二年（1777）重修天心阁后，又历经沧桑岁月，特别是咸丰兵燹后，天心阁又呈千疮百孔之貌。咸丰十一年（1861）至同治四年（1865），历时4年，三任湖南巡抚，山东历城人毛鸿宾、江苏阳湖人恽世临、安徽合肥人李瀚章次第主持天心阁大修，郭嵩焘之弟郭崑焘为之作记。记中充分肯定天心阁"察灾祥、时观游、资守御"的功能，而不再述及"振人文"的功能，因为此时太平天国之战刚刚事息，且城南书院早已迁回妙高峰。此记文采、意境远不及李汪度之记，全文如下：

修天心阁记

郭崑焘

天心阁当省城东南最高处，所以察灾祥，时观游也。岁久就圮。咸丰

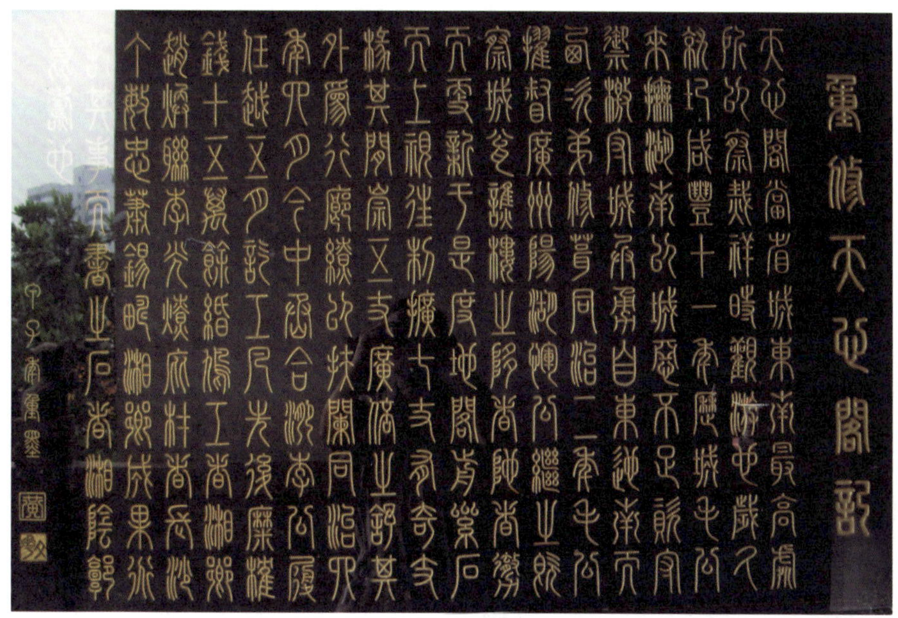

郭崑焘修天心阁记碑刻

十一年，历城毛公来抚湖南，以城恶不足资守御，檄守城兵勇，自东迤南而西，次第修葺。同治二年，毛公擢督广州，阳湖恽公继之，既察城瓮、谯楼之陊者陁者，彻而更新。于是度地阁前，垒石而上，视往制扩七丈有奇，支椽其间，崇五丈，广倍之，舒其外为行廊，缭以扶栏。同治四年四月，今中丞合肥李公履任，越五月迄工。凡先后糜榷钱十五万余缗。鸠工者湘乡赵焕联、李光燎，庇材者长沙丁敏忠、萧锡畴、湘乡成果道，记其事而书之石者湘阴郭崑焘也。

五、城南书院迁建天心阁下

城南书院原在城南妙高峰，是南宋大儒张栻之父张浚在潭州的居所，建于南宋绍兴三十一年（1161），张栻和朱熹曾在此讲学论道，因而声名远扬。当时的城南书院，名为书院，实为私家园林，张浚父子精心营造了“城南十景”。淳熙间，张栻召为吏部员外郎，离开长沙，十景逐渐荒废。到元代，南阜上的“苍然观”改为“高峰寺”，但张浚手书“城南书院”四字匾额仍保留在寺内。明正德二年（1507），湖广行省参议吴世忠、湖南提学道陈凤梧曾谋求在妙高峰恢复城南书院，但此地已被吉藩府所据而未果，直到嘉靖四十二年（1563），长沙府推官翟台才在妙高峰寺下建得学堂5间，万历中复圮。但城南书院并没有在人们记忆中消失。

天心阁城南书院界碑

城南书院真正成为诸生肄业之所，是从清乾隆年间杨锡绂任湖南巡抚时开始的。杨锡绂（？ ~1768），字方来，江西清江人，雍正进士，授广东肇罗道，亲莅围基卫田，终任无水患。乾隆十年（1745）至二十年（1755）间，三任湖南巡抚。二十二年（1757）任漕运总督，屡疏漕运策，多纳之。谥勤悫。编有《漕运全书》。

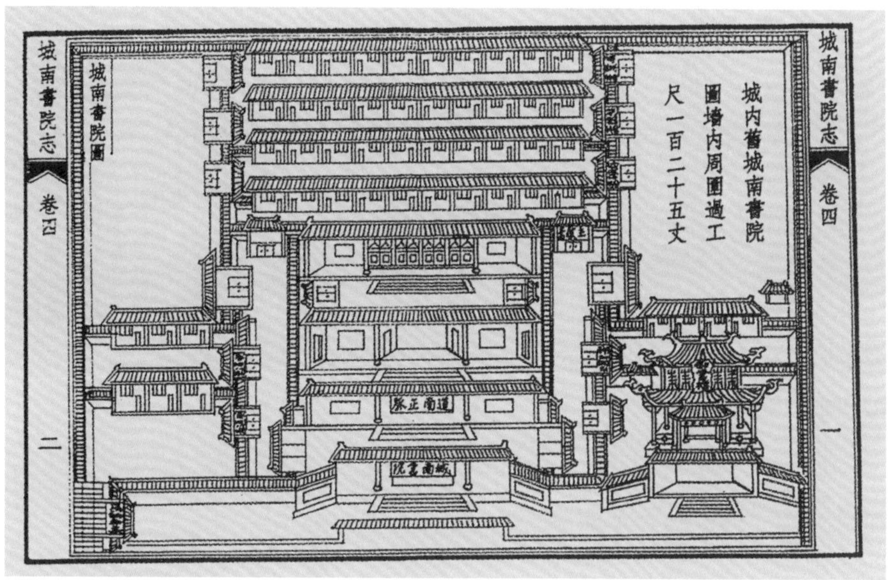

城南书院志载城南书院平面图

乾隆十年（1745），杨锡绂任湖南巡抚，下车伊始，杨便赴岳麓书院课试生童，然而前来应试的生童寥寥无几，问其故，只因长沙城到岳麓书院“中隔湘江，稍遇风涛，士子即畏涉不前”。杨决意将岳麓肄业诸生迁移至湘江东岸的城内就读，恰巧在都正街寻得都司衙门空署一所，于是将其改建成书院，因该书院在城之南隅，且距妙高峰原城南书院旧址仅二里许，故仍称“城南书院”。此举极得人心，司、道、守、牧各官都捐出养廉银，历一月落成书舍 80 间，分正谊、生敬、进德、存诚、居业、明道六斋，又仿岳麓御书匾悬之讲堂，岳州知府黄凝道捐建御书楼于书院东南隅，中祀朱熹、张栻及有功书院诸先贤，从此天心阁下一片弦诵之声。杨锡绂特为之作记勒石，可惜碑石早毁，故录全文如下：

城南书院复原模型

迁建城南书院记

杨锡绂

宇宙之事功视乎人材，人材之造就在乎学校。书院者，拔学校之尤而切劘淬厉，以收造士之实效，辅学校之不逮也。有宋四大书院，曰：嵩阳、

1911 年天心阁城墙下的城南书院旧址

睢阳、鹿洞；其一即楚南之岳麓，创于宋长沙守朱公洞。至朱、张两夫子倡道东南，大辟讲舍，一时从游之士至千余人。其后虽兴废不常，而学士大夫谈名胜之遗迹，莫不流连慨慕，想见当年正学昌明。或恨其生之晚，或怅其地之隔。亦可见先贤之泽，流被无穷，而书院之造就人才，其有补于学校非小也。我国家崇儒重道，远迈前古。世宗宪皇帝特命各省会建立书院，赐以帑金，资以膏火。湖南即因岳麓书院葺而新之，延师萃徒，以宏教育。中丞虞山蒋公又疏请御书“道南正脉”扁额，敬谨悬挂。作人雅化，虽《菁莪》、《棫朴》之盛，曷以加兹。

城南书院故址碑

乙丑夏，绂来抚是邦。下车即亲赴岳麓，课试生童。乃肄业诸生，寥寥无几。询其故，缘岳麓离城十余里，中隔湘江，春夏水涨弥漫，稍遇风涛，士子即畏涉不前。归而检阅志乘，长沙于宋时尚有城南书院，为张魏国公浚所建。当时，朱张两夫子讲学长沙，或过岳麓，或止城南，亦以湘江多阻之故。是城南与岳麓原相表里，顾久废为僧舍，不可复问。以朱张两大儒往来讲学之地，存其一而湮其一，固湖湘都会一大缺陷事。且使士子临流兴叹，不得时亲前贤之讲席，亦虚朝廷造士之本意，岂非守土者所当急谋兴复者哉。爰是广加咨度，得都司空署一所，恰在城南，地势高爽，遥望岳麓于几席，然于改建书院为宜。因偕司道守牧各捐养廉，鸠工庀材，一阅月而落成书舍八十间，恭慕岳麓御书扁额悬之讲堂。岳州守黄君凝道又建御书楼于院之东南隅，中祀朱张两夫子及有功书院诸先贤，以为诸生朔望行礼之所。仍颜曰“城南”，志旧也。

绂自维学无根柢，加以簿书鞅掌，日益荒落，岂敢附前贤之门墙。顾念国家廪给之资待士，如此重道脉之揭，训士如此其殷。身为守土，与有化导之责。则萃英俊而甄陶之，延名师而课督之，俾得往来于岳麓、城南二院，不问缀其功。庶几因文见道，由流溯源，从事于讲习讨论之功，以得乎修己治人之要；卓然守朱张两夫子之正学，而不为功利词章之习所摇夺，使东南之道脉益有以永其传而扩其绪。则书院之盛，即学校之光也。诸同人请勒诸石。故为揭其兴复之由、与岳麓相表里者，冀后之人两存而并护之也。

乾隆十二年（1747），新任长沙知府吕肃高特为城南书院题联，此联深含哲理，上联讲做人，下联讲治学，劝人不可苟日偷安。勉励城南学子

发奋学习，树立远大志向。联曰：

人只此人，不入圣便入狂，中间难站脚；

学须就学，昨既过今又待，何日始回头。

乾隆二十一年（1756），湖南巡抚陈宏谋将就读于城南书院的原岳麓诸生复移至岳麓书院，城南书院仅留新生童肄业。那时的书院，学生一般都享受公费伙食，由府署拨款贴补。古时的书院，有一个必须遵承的规制，即所谓黉序："为孔子传道统，为天地而立心。"书院为儒学之林，文庙（孔庙）、文昌阁、魁星楼是其必备的祭祀构筑。祭孔是因为孔子是中华儒家文化的开山鼻祖，而祀文昌帝君与魁星二神像，是因为二者是主宰功名、禄位、点定中试之神。早在城南书院迁建到此之前，文昌阁（即后来的天心阁）里就一直祭祀文昌帝君，书院来了，正好借助这个有利条件，再在阁内增祀一个魁星神像，便将天心阁作为自己的专用祭祀场所。书院每年春秋两季在阁上开展祭祀活动，平时也是安排专人常年看护，阁上香火不断，同时向百姓开放。为方便诸生登上天心阁进行祭祀活动，特在书院前的城墙内墙旁，自下而上增修一个百余级石阶梯，可直达天心阁南侧城头之上。

乾隆四十七年（1782）湖南巡抚觉罗敦福、嘉庆五年（1800）长沙知府沈廷瑛、嘉庆二十三年（1818）署盐法道善廉先后 3 次对城南书院进行大修。嘉庆十八年（1813），天心阁因年久失修，将近倾圮，城南书院山长罗畸即捐款进行重修。据《善化县志》载：嘉庆十二年、十八年，山长捐银两发典商生息，书院门堂夫按月领银七钱，天心阁看夫每月领银三钱，每月分奉大成殿（孔庙）及文、奎像前香火，打扫院宇。到嘉庆二十五年

（1820），湖南巡抚左辅认为城内城南书院邻近善化县治，逼近闹市尘嚣，且地洼低湿，空间狭小，不利于学子静修。于是左辅联合布政使程祖洛捐资，于妙高峰旧址重建城南书院，至道光二年（1822）完工。至此，城南书院在天心阁下存在77年后，又回迁到其660余年前的始创地妙高峰。天心阁下城南书院旧址则改建为"刘猛将军庙"。刘猛将军即元指挥使刘承忠，相传"祷蝗有验"，清雍正间始列入祀典。

到光绪初年，城南书院旧址又复建成学堂，名湘水校经堂。湘水校经堂原在岳麓书院内，为道光十一年（1831）崇尚朴学的湖南巡抚吴荣光所创。咸丰二年（1852），太平军攻打长沙，岳麓书院受到战火毁坏，校经堂的课业也陷入停顿。咸丰末年任湖南巡抚的毛鸿宾曾筹集经费，恢复校经堂，并"定立章程，自中丞以下至郡守，月一课"。到光绪元年（1875），湖南学政朱逌然重新恢复了湘水校经堂，他把重新恢复的校经堂从岳麓书院分离出来，改设在天心阁下原城南书院旧址，并正式招收了20名生徒。这样，湘水校经堂成了一所专门治经的独立书院。这时，汉学也开始分化，古文经学逐渐衰微，而主张经世致用的今文经学开始复兴。朱逌然重新规划湘水校经堂后，其学术风尚开始发生变化，朝着经世致用的方向发展。当时郭嵩焘为之撰写《重建湘水校经堂记》，主张通经致用，将治经与"因革损益"、"治乱兴衰"、"人事之变"甚至"起居日常之用"、"进退揖让之礼"结合起来。朱逌然聘请了著名经学大师成孺主持校经堂。成孺在校经堂设立"博文"和"约礼"两斋，规定生徒要"遍读经世之书，以研究乎农桑、钱谷、仓储、漕运、盐课、榷酤、水利、屯垦、兵法、与政之属，以征诸实用"。这些教学内容的改革对湖

南学术和教育的影响很大。一时之间，“湘中士大夫争自兴于学”。以后郭嵩焘在长沙创办思贤讲舍，王闿运在衡阳主讲船山书院，沅州知府朱其懿在芷江创立沅水校经书院，其课试内容，均仿效湘水校经堂。正如郭嵩焘所言：“湖南校经堂课实开偏隅风气之先。”校经堂仅有学额20名，且城南旧址狭窄，不能适应发展的需要。于是光绪十六年（1890），当时的湖南学政张亨嘉与巡抚张煦商议，决定在长沙湘春门外熙宁街另建新舍，并将湘水校经堂改名为校经书院。这样，天心阁下的城南书院旧址又做了15年的学堂。

道光皇帝为迁至妙高峰的城南书院御书“丽泽风长”匾额，从此城南书院步入了它的辉煌时代，著名学者孙鼎臣、余廷灿、贺熙龄、何绍基、陈本钦、郭嵩焘等先后主讲城南书院，青年时代的唐鉴、曾国藩、左宗棠、丁取忠、王闿运、邓辅纶、张百熙、刘人熙以及黄兴等曾在此修藏或就读。书院内旧有清光绪进士梁鼎芬所撰一联：

往事忆觚棱，身别都门二十载；

新旧尽桃李，教成君子六千人。

此联道出城南书院桃李满天下之盛况。光绪二十九年（1903）城南书院改为湖南师范馆，次年改为中路师范学堂，辛亥革命后改为湖南第一师范。

晚清著名方志学家陈运溶于1910年前后曾作有《长沙怀古·天心阁》诗：

天心阁亦鲁灵光，俯瞰郊原暗自伤。

岳麓城南无觅处，莫言湘水校经堂。

作者以一种无限伤感的语调表述了天心阁与岳麓书院、城南书院以

及湘水校经堂之间在过去历史中的相互关系：岳麓书院于光绪二十九年（1903）奉谕改为湖南高等学堂，岳麓书院之名在当时已不存在；城南书院在天心阁下存在77之后，于道光二年（1822）回迁妙高峰，清末改为全省师范学堂，从此城南书院已亦不复存在，故诗中说上述两书院“无觅处”。湘水校经堂于光绪初年从岳麓书院迁到天心阁下原城南书院旧址，至光绪十六年（1890）又迁新址熙宁街，故诗中说“莫言”了。在作者看来，天心阁虽累经兴废，但最耀眼的年代是闪烁着“鲁（孔孟家乡）灵光”的兴教时代，而今登临其上，环眺四野，天心阁下曾经成群学子的身影早已销声匿迹，真乃世事沧桑，变幻无常，今非昔比！一种莫名的无奈之感不禁充斥于胸。

六、守卫长沙的坚强壁垒

天心阁至今保留完好的瓮城和残留的地道遗迹，是天心阁军事壁垒作用的历史见证。

瓮城又称月城或子城，本是筑在城门外用来屏蔽城门的小城，其目的是用以增强城池的防御力量。在无城门处筑瓮城，更显示其地的军事地位。《武经总要前集·守城》云：“其城外瓮城，或圆或方，视地形为之。高厚与城等，惟偏开一门，左右各随其便。”长沙有关修筑瓮城的最早记载为北宋胡宿《内制集》所载潭州修筑子城受到宋仁宗嘉奖一事，集曰：“潭州通判李丕绪修筑子城，甃砌完备，知州任颛奏上，仁宗敕云：‘汝受任湘中……增完城壁，就浚池隍，悦使有宜，乐成无射，条闻来上，嘉叹良多’。”

很明显，当时修筑瓮城是为抵御辽国入侵，但瓮城的具体位置尚待考证。明洪武五年（1372）长沙府卫守御指挥使邱广用砖石改造宋元土城墙时，

天心阁古城墙

天心阁南瓮城一角

天心阁北瓮城一角

9个城门外均未筑瓮城。据清光绪《湖南通志》载："崇祯十一年（1638），长沙知府王期昇增建月城。崇祯末知府雷起龙增建营房。"至嘉庆二十五年（1820），长沙及善化两县知县请款修葺城墙时，同时将天心阁扩建为三层，并将阁下的城墙加石增垒，筑成内外两城，两城之间又筑成南北两个瓮城。同治三年（1864），巡抚恽世临为扩建天心阁的需要，重垒阁下瓮城与城墙。

关于瓮城的具体用途，1933年邹欠白所著《长沙市指南》云："阁旁垣成二巨窟，左右各一，昔时守城藏兵之处也。"天心阁下双瓮城面积各500平方米左右，可藏兵数百人，它具有多方面的作用：1.作战时，士兵可以轮番登上城头，下阵的士兵可以下到瓮城内，得到及时休整，且比较安全，保护兵力，同时也便于迅速替补作战中的阵前减员。2.天心阁瓮城

城墙壁上设有 8 个大炮洞，火炮隐置洞内，可避免敌炮的轰击，士兵也比较安全。3. 一般情况下，瓮城筑在城门外，用以保护城门，守城方多了一道防御工事，增加了敌方攻城的困难。攻城方都是力图尽快破门而入，因为破门比登城的伤亡要小。而天心阁下没有城门，不管敌方怎么强攻，当然总是不得而入。这对于不了解天心阁下无城门的敌方来说，如同误入了一个迷魂阵，始终攻而不克。这样既方便守城，又可监控敌方兵力，增加其伤亡。1852 年太平军攻打长沙时，看到长沙城的城楼唯独天心阁最高大，误以为下面一定有城门，便将天心阁定为主攻目标之一，白白耗费了不少时间与兵力。清军在天心阁瓮城部署兵力，组织炮火反击，对坚守城池发挥了巨大作用。

瓮城双层炮洞

瓮城炮洞

炮洞中的铁炮

天心阁瓮城内还有通向城内和城外的两条暗道，今存入口遗迹。1933年邹欠白所著《长沙市指南》记载：天心阁“其下有蛰穴，闻可通城中之皇仓街，为战争急危时之避险暗径，今湮塞久矣”。从此文中知，天心阁下的暗道入口处内，先是有一个较大空间的厅室，然后才是一条暗道直通城内的皇仓街。那时的皇仓街在南阳街以西，藩城堤与三泰街以东。清代皇仓街紧邻东北向的长沙府署，作战时便于传递情报，快速下达命令。同时，皇仓街位于长沙古城中心，地面主要道路辐射全城各个城门，作战时如遇不利，天心阁阵地的官兵可从暗道秘密迅速撤到皇仓街后，有利重新

城墙炮眼

组织安排地面作战。古往今来，粮食是战备的首要物资，在某种情况下，及时保证粮食的充足供应，甚至成为取得战争胜利的决定因素。在紧急时刻，守护在东南一线城墙上的守军便可通过天心阁下的暗道，迅速秘密地撤回到皇仓街，实行保卫粮仓的战斗。从天心阁到皇仓街约有六华里距离，长沙城地下的土质松软，容易坍塌，且地下水丰富，在当时的技术条件下，要完成这项地道工程并非易事。据说当时的办法是：地道内空全部用大青砖垒砌，顶面向上凸成弧形，地下开挖一条排水暗沟，将水引入深潭暗濠。同时每隔一里左右设一个秘密通风口。

天心阁城头上的古炮

天心阁下另一条暗道通向城外。1943年徐斌所著《长沙纪实》一书介绍：太平天国运动兴起时代，长沙被围，城内食粮大起恐慌，清朝的守将便在天心阁下开辟了一条十五里路长通向城外的隧道，越过敌人的防线，冒险在敌后运米粮进城。这一条隧道的遗迹至今犹在，长沙俗称隐门。其实这条暗道早在太平军还未打到长沙之前就修好了。1852年上半年，太平军仅2个多月的时间，就攻克了湖南数个州县。巡抚骆秉章为了加强省城的防备，急忙募捐修葺长沙古城池，以迎战太平军。此时，骆秉章面临战事与朝廷的巨大压力，他决定要在太平军来攻长沙之前做好多方面准备，故在修葺城墙的同时，下令秘密修建了这条从天心阁下通向城外的隧道，以备战时急用。9月中旬太平军进抵长沙城南，开始了81天的长沙之战。战争一开始，由云贵总督张亮基接任湖南巡抚，骆秉章仍留在长沙协助抗敌。此时，长沙城内上下一片惊慌，全城实行24小时戒严，各处城门紧闭，一切商业活动和百姓的日常生活都受到严重影响。城内增加了外来援军四五千人，城内的粮食一天比一天紧张，粮商又无法从城外运进粮食，皇仓、府仓、县仓的粮食被严格地控制起来，由军队把守。于是，有的粮商乘机抬价，百姓买粮困难，有的地方开始发生骚乱。为了防止城内饥民起事，幕僚左宗棠建议巡抚张亮基秘密启用天心阁下通向城外的地道，先安排长善两县官员与粮商一道出城收粮，然后指派军队夜晚押运。不出10天，一大批粮食从天心阁下地道运进城来，解决了城内的粮荒。

在太平天国战争中，天心阁为守卫古城长沙立下了汗马功劳。

清咸丰二年四月（1852年6月），也就是鸦片战争发生后的第12年，太平天国天王洪秀全率太平军将士数千之众，从广西全州突围北上，一路

天心阁下太平军群雕

惊天动地杀进了湖南。在短短的两个多月时间里，太平军以破竹之势，连克道州、永州、江华、嘉禾、桂阳、郴州等州县，摆脱了清军的围堵追击，部队人数也猛增至数万。清朝当局料定太平军会经衡州北上，于是，调集大军于衡州与郴州一带，准备南攻北击，将太平军一举消灭在湘南。洪秀全决定趁清军麇集湘南而省城守备空虚之机，攻打长沙。

8 月 28 日，西王萧朝贵奉洪秀全之命，率林凤祥、李开芳等 1000 余名太平军将士，间道奔袭长沙。9 月 11 日，进抵长沙城南的石马铺，开始了为期近 3 个月的长沙之战。太平军击破城外守军之后，乘胜进驻城南妙高峰，占领西湖桥和金鸡桥，控制坚固民房和制高点，开始炮轰自天心阁

天心阁下“萧朝贵阵亡处碑”

至南门口的长沙南城。9 月 12 日至 18 日，太平军昼夜攻城，枪炮火箭如密雨流星，轰声如雷，震动数十里。清军绝望之时，从天心阁下善化县城隍庙请出定湘王神像，抬至天心阁城头，由提督鲍起豹等人轮流守护，以求神灵庇佑。骆秉章下令将北门铁佛寺内一尊铁佛铸成两座大炮，命名为“红袍大将军”，安放城墙上轰击太平军。太平军昼夜攻城，但太平军兵力单薄（加上沿途加入的新兵，总共也不过 4000 人左右），难以展开四面围攻，使守城清军得以集中兵力进行抵抗。主帅萧朝贵执旗督战，不幸为炮火击中，身负重伤而亡。这时，清军副将邓绍良部从湘潭开到长沙城外，从背后向太平军攻击，太平军腹背受敌，攻城受挫。

长沙城突遭太平军的袭击，清朝当局异常震惊，急调各路兵马增援。至10月初，城内清军已达四五万之众，较萧朝贵初攻长沙时增加了4倍。汇集城内的文武大员有帮办大臣1人、巡抚2人、提督4人、总兵8人，还有副将、道府十数人，阵营之庞大，史无前例，蔚为壮观。与太平军作战的老手广西提督向荣也赶到了长沙。清军防守和指挥力量都已大大加强，而太平军的主力尚在郴州。形势非常严重。攻城的太平军一面派人飞往郴州告急，一面固守城南原有阵地。清军企图吃掉这支太平军攻城部队。10月3日，向荣兵分三路向太平军所据妙高峰、鳌山庙营垒猛扑。

天心阁下鳌山庙老照片

洪秀全和东王杨秀清在郴州闻知长沙告急，于9月24日夜率大队人马离开郴州，日夜兼程赶往长沙。10月5日，太平军前锋抵达长沙，与原来的攻城部队汇合后，当天就发动猛烈攻势。数千太平军分路直趋天心阁正对面的蔡公坟、鳌山庙要地，并从东面抄敌后路。战斗十分激烈，守将和春、秦定三、江忠源率部反击，但被太平军打败。

10月11日，洪秀全、杨秀清抵达长沙城外南门，又分兵3路发起猛攻，清军亦兵分3路抵抗，战斗至为惨烈。后因清军得到增援，太平军不敌，败退回营。15日，郴州追兵赶来长沙，扎营于城外的桃花、洞井铺等地。洪秀全决定趁敌初至予以歼灭，乃于中途设伏，然后诈败诱敌，退至井湾子。不料井湾子驻扎清军一营，太平军腹背受敌，伤亡很大，只得退回营垒。

太平军主力抵达长沙后，两次大的进攻均不顺利，而清军加强了城外东南的布防，自天心阁至新开铺一带扎营结垒，背后又有张国梁部相威胁，正前面向荣会同各营深掘大壕，以困太平军。在攻守易势的情况下，洪秀全、杨秀清遂改变战略，分兵西渡，占领河西地区，作为进攻长沙和继续转进的阵地。

在河西激战之时，东岸长沙城南的太平军又继续发起了进攻。天心阁的守军，经过江忠源、左宗棠等人的重新部署，防守更加严密。岳麓书院、城南书院一部分士子也持刀上了城墙。江忠源的楚勇占驻天心阁下城外的蔡公坟制高点。天心阁上早有广西提督向荣驻守，日前，向荣部已将潮宗门城楼上的五千斤大炮抬到天心阁上，将南城外一线的民房全部轰毁，使太平军失去掩护场所，不便靠近城墙，并加强城上的巡逻，严密监视城外动静，防止太平军再次在城下挖洞。

左宗棠

从10月下旬到11月底，太平军在城南魁星楼、金鸡桥至天心阁一带挖掘地道10多处，曾3次爆破轰塌城墙四五丈、七八丈不等。太平军从缺口处扑城，和春、江忠源等督兵拼死抵拒，迅速堵塞缺口。正在巡抚张亮基幕府的左宗棠，在长沙守城战中才华初露。他出谋划策，从长沙富商黄冕、贺瑗、孙鼎臣、欧阳兆熊手中筹措饷银12万两，安定了城内军心。城墙缺口时，左宗棠急中生智，令用石块填缺口，并规定凡向缺口抛石一块赏钱一千文。顿时众多百姓从城中运来大批石块。石块从缺口处倾泻而下，砸死砸伤太平军无数。

这时，太平军在长沙已经打了81天，既不能歼灭城外之敌，又不能合围破城，而清朝援军不断开来，准备再次合围太平军，将其歼灭于长沙城下。太平军攻城不克，于十一月底撤去，长沙城成为太平军入湘征战以来唯一没有被攻破的城池。清末曾任湖南巡防营统领的黄忠浩有《登天心阁》诗咏这一场清军与太平军的殊死之战，诗云：

西寇如毛席卷来，怒雷轰地楚城摧。
血飞狼藉拼忠骨，肉薄仓皇倚将才。
一代英雄流水逝，百年坟墓野花开。
欲寻故老谈遗事，夕照催人蹀躞回。

七、明清游览胜地

天心阁上应“长沙星”，故古城长沙又有“星沙”之雅称。星沙民众，无论文人学士，还是普通百姓，都有出游、踏青、览胜的极高兴致，从唐杜甫《清明》诗“著处繁华矜是日，长沙千人万人出”，宋张祁《渡湘江》诗“长沙十万户，游女似京都”等古人诗句可得到印证。杜甫诗云：“不见定王城旧处，长怀贾傅井依然。”定王台和贾傅祠是长沙最早的名胜古迹，定王台便在龙伏山山脊之上，往南距天心阁仅一里之遥。宋人登定王台曾成为一种时尚，朱熹、张栻、姜夔、真德秀、袁去华等迁客骚人都留下了《登定王台》的诗篇，抒发“定王百尺台，长安万里目”之咏叹。明代定王台荒废，而定王台之南的龙伏山山顶城墙上崛起了一座更高峻、更近于“天星”的天心阁。天心阁自然便成了文人学士登高览胜的首选之地。明末善化诗人俞仪便有《天心阁眺望》一诗，发出“楼高浑似踏虚空”和“万家烟火画图中”之感慨（全诗见前言）。俞仪又有《九日与紫庭登高次韵》一诗咏与天心阁相并列的文昌阁，自注曰：“山绝顶平旷建文昌阁，下有十洲风景亦胜地也。”诗云：

危台飞阁极天高，坐上星辰摘不劳。
未必十洲都福地，由来九日聚诗豪。
君耽逸兴酣余勺，我自归心折大刀。
回首乡关正无奈，几回登眺笑题糕。

在俞仪的这两首天心阁诗中，《天心阁眺望》是一首完全的咏景诗，第一句描述了由于“楼高”而“浑似踏虚空”的登阁感受，最后以“万家烟雨画图中”之句，描绘了一幅勾人遐想的长沙美景。而《九日与紫庭登

高次韵》诗中“我自归心折大刀”与“回首乡关正无奈”两句，正是他所处时代与他内心世界相矛盾的真实写照。明末，社会大动荡，明王朝行将走向灭亡，而作为管理城市治安的地方官员俞仪，自知明王朝大势已去，他正处于“无奈”的地步，当然产生识破时务、不愿继续卖命的想法：“归心折大刀”。

俞仪生卒年约为1598~1643年，字兼廙，号麓门，善化（今长沙）人，本城廪生。任指挥一职。崇祯十六年（1643）七月，张献忠率大西军主力部队直指长沙，并派小部队深入长沙周边各洲县配合攻打长沙城。俞仪受命领军至浏阳“讨贼”，不幸“遇害”身亡。

遗憾的是，明末至清初，长沙战事频仍，先后发生张献忠大西军攻打长沙之役、长沙军民抗清之战和吴三桂长沙之乱等，天心阁作为长沙城的制高点，自然成了军事禁区，限制游客登临。至清乾隆年间，天下承平，当局逐步解除了百姓登城游览的限制，加之城南书院的入驻，到天心阁游览和拜祭文昌帝君与魁星神像的游人与香客络绎不绝，文人骚客到此举办文化活动的就更多了。也就是从这时候起，吟咏天心阁的诗联开始大量涌现。大多数诗联无不突出一个“登”字，如乾隆间诗人李绍隽《秋日登天心阁远眺》吟道：“城南耸高阁，直与丹霄薄。插顶上天门，扪觉星斗落。”（全诗见前言）同期诗人蔡以偁有《大风登天心阁》，诗云：

四山青欲过江城，人到天心羽翼生。
残照炖随鸦去影，狂风猛似虎来声。
摩空两手星辰摘，放眼千秋草木惊。
不是襟怀霄汉上，那能意气任纵横。

从瓮城下仰望天心阁

从天心街眺望天心阁

稍后的嘉庆诸生毛国翰《登天心阁》诗中亦有“高阁平南斗，居人俯万家”之句。南斗即南斗六星，与北斗七星相对，古人以为正对长沙天心。这几首诗的趣旨均直指星辰，无不有登高阁而近天心之感，可谓天心即天星也。

此时还有诗人名熊祖熊者，概括出“天心阁四景”，曰“高阁插云、麓屏耸翠、疏树含烟、池塘夕照”，并分别作七绝，其《高阁插云》诗云：

岩峣百尺挂城头，万里潇湘一望收。
月下飞鸿频渡影，和云叫断洞庭秋。

清中期天心阁最有名的文人聚会，是道光二十九年（1849）重阳，著

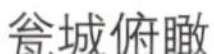

瓮城俯瞰

瓮城俯瞰

名学者邓显鹤招集名流，在天心阁举办的一次很有影响的吟诗盛会。与会者有沈道宽、杨太灏、刘康、黎定源、谭溥、黄本骥、汤彝、李星渔、熊盛旸、张开霁、邓琮等人，会后宴集城南精舍。当时另有李星沅等人因故未及时到会，便于事后寄和诗稿。这次活动共收集诗稿近百首，事后刊刻成《城南唱和诗》集，流传盛广。现录 8 首如下：

前诗意有未尽，感念旧游复成

邓显鹤

天心杰阁俯苍茫，记得当时集上方。

诸老风流仍此地，百年高会几重阳。

填膺世事孤筇外，回首江城落照旁。

今日茱萸思遍插，摩挲清泪滴壶觞。

邓显鹤（1777~1851），字子立，号湘皋。湖南新化人，嘉庆九年（1804）举人，官宁乡训导。辑有《资江耆旧集》、《沅湘耆旧集》。晚年主讲濂溪书院，诗文名噪一时。道光二十二年（1842）首次刊刻《船山遗书》，著有《南村草堂诗抄文抄》等。

湘皋年太丈重九招同人登城南天心阁，沅以疾未与，敬次原韵寄和

李星沅

天光云影瞰微茫，高阁吟声澈上方。

楚客悲秋原宋玉，先生相士即孙阳。

题笺自爱名流集，袱被同依讲舍旁。

一笑粗官归尚俗，分无清兴接萸觞。

李星沅（1791—1851），字子湘，号石梧，长沙府湘阴县人。道光进士，累官至两江总督。1849年因病解职回籍。在长沙天心阁下筑芋园和李家花园，以颐养天年。后又奉命以钦差大臣赴广西办理军务，因兵败忧郁而死，谥文恭。后人辑有《李文恭诗集》、《李文恭文集》等。

清代李文恭公集中的李星沅像

己酉九日赴湘皋天心阁登高之约，会者十人，湘皋与杨紫卿各有诗分次原韵

沈道宽

往事萦怀意渺茫，浮云聚散各殊方。

寒原试步添今雨，高阁凭栏感夕阳。

白雁已来穹塞北，黄花又笑短篱旁。

搏沙俪璧真非易，珍重茱萸共举觞。

沈道宽，字粟仲，清乾嘉道时浙江鄞县人。道光二十年（1840）前后任善化知县。

己酉重九湘翁集同人于郡城天心阁登高次韵

黄本骥

浮云苍狗总茫茫，谁是人生极乐方。

得共高朋登杰阁，休将佳节负重阳。

天心已许排阊阖，世路何知有剧旁。

此会幸容参末坐，众仙同举饮中觞。

黄本骥（1781~1856），字仲良，号虎痴，长沙府宁乡县人，道光举人，授黔阳县教谕。黄博览群书，知识渊深，于考古、文物、地理、方志、古史、姓氏和官职，无所不通，时与新化邓显鹤、沅陵李沆训、湘潭张家榘誉为“湖南四才子”。著有《姓氏解纷》、《孟子年谱》、《湖南方物志》、《皇朝经籍志》、《郡县分韵考》、《续金石萃编》等。

湘皋先生九日招同人登天心阁次韵奉和

李星渔

城头杰阁俯苍茫，笑语随风落上方。

秋净千林明远浦，天空一雁下斜阳。

慈游竞出蓝田上，暂醉无须锦瑟傍。

留与他年传盛事，直将遗韵继流觞。

李星渔，字季眉，长沙府湘阴县人，李星沅弟。官观察，雅志栖冲，寄情吟咏，且能急人之困，著有《观香室诗稿》。

九日偕湘皋先生招同人登天心阁宴集城南精舍

杨季鸾

客里相寻破寂寥，山城选胜一凭高。

觞逢陶令休辞醉，诗劝刘郎且放豪。

精舍地偏迟看菊，芳筵客聚快持螯。

输他数老风流处，健步如飞未觉劳。

杨季鸾，字紫卿，清道光时湖南宁远人。初举孝廉方正，后以军功授翰林院待诏。博学工诗，周游大江南北。时与何绍基、魏源、杨性农、邹汉勋、刘蓉并称“湖南六名士”。陶云汀制军、李春湖侍郎、程春海祭酒警敬礼之。一时才流乐与酬唱。著有《春星阁诗抄》。大抵以意运才，以情辅意，胚胎太白，树帜湘南。

次韵湘皋先生登高二首

谭溥

天心杰阁亘清寥，向暮凭栏眼界高。

诗有天才初免俗，人无奇气不能豪。

风尘莽莽销橹铁，今古茫茫付蟹螯。

笑把茱萸斜插帽，暂时相与息奔劳。

谭溥，字仲牧，号荔仙，长沙府湘潭县诸生。工诗善画，橐笔远游，名动公卿。有《四照堂集》行世。

和紫卿九日登高韵

李星沅

城南秋老碧萧寥，阁倚天心号屟高。

掷笔君愿超绝顶，偃关我欲避群豪。

青云直上舒雕盼，黄菊初开对蟹螯。

那得长闲似今日，廿年人海叹尘劳。

李星沅，见前页。

好景不常，咸丰年间太平军攻打长沙，天心阁再次成为军事重地，游人绝迹。同治后太平天国事息，几任湖南巡抚数次大修天心阁及城墙、瓮城，天心阁又恢复以往的雄姿，再度成了文人墨客的游览胜地。加之天心阁在长沙保卫战中的卓越功勋，天心阁更为官民所重。晚清诗文大家何绍基、郭嵩焘、王闿运、王先谦、曾广钧、黎承礼、李桢、成本璞等都曾登临斯阁，留下耐人寻味的诗作，兹录 8 首如次：

在长沙登天心阁（节录）

何绍基

寒波一夜生清湘，天意引客探重阳。

离思着人不可谢，有似万木槭槭含新霜。

同人试登最高顶，一气直上如翱翔。

南望斑竹吾乡所，北来雁书不得将。

为君东指海云处，青山影尽连空苍。

忽敛奇怀问归路，但见荒村古屋栖斜阳。

何绍基（1799—1873），字子贞，号东洲，晚号媛叟，湖南道州人，

道光进士，为清代最著名的书法家之一。官至四川学政。通经史，善诗文，尤工书法，自成一格，融篆隶笔意于行楷之中。晚年曾居长沙化龙池，居室名“磻石山房”，同治（1862~1874）间主讲长沙城南书院多年，逝世后葬长沙石人村苦竹坳。

登天心阁

郭嵩焘

重九登临称赋诗，江天楼阁好栖迟。
清尊白日严城晚，高咏西风落木时。
隔水峰峦争偃蹇，经秋云物有推移。
应添图画潇湘里，倒跨乌驴醉帽欹。

郭嵩焘（1818~1891），字伯琛，号筠仙，晚号玉池老人。长沙府湘阴县人。道光进士。咸丰二年（1852）办团练，入曾国藩幕。后历任翰林院编修、苏松粮道、两淮盐运使，署广东巡抚。光绪二年（1876）派为中国首任驻英公使，1878年兼驻法公使。郭嵩焘力主学习西方科学技术，允许商民自办企业，传播西方文明，因而遭守旧派攻击。1879年辞职回湘，筑养知书屋于长沙六堆子（今青少年宫后），又筑玉池别墅于寿星街，主讲于长沙城南书院、思贤讲舍，著有《养知书屋遗集》、《使西纪程》等。

郭嵩焘

十月九日天心阁宴集二首（选一）

王闿运

当年飞炮醴陵楼，高阁峥嵘倚素秋。

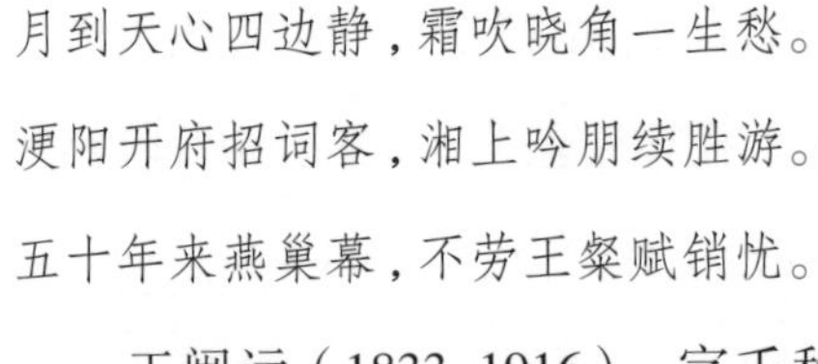
月到天心四边静，霜吹晓角一生愁。
浭阳开府招词客，湘上吟朋续胜游。
五十年来燕巢幕，不劳王粲赋销忧。

王闿运

王闿运（1833~1916），字壬秋，号湘绮，长沙府湘潭县人，出生于长沙天心阁下东文庙坪。19岁参加县试，取中第一名。后入长沙城南书院学习，常和李寿蓉、龙汝霖、邓辅纶兄弟以诗歌唱和，结“兰林词社”，人称“湘中五子”。咸丰七年（1857）中举人，以后数次赴京会试不取。但他才气横溢，文名远播，在长沙营盘街筑湘绮楼，人称湘绮先生。清亡前又特加翰林院侍讲。民国建立后，聘为国史馆长。王闿运的经学著作有《周易说》、《尚书笺》、《尚书大传补注》、《诗经补笺》、《礼经笺》、《周官笺》、《礼记笺》、《春秋例表》、《春秋公羊传笺》等10余种200多卷。

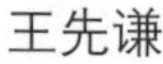
王先谦

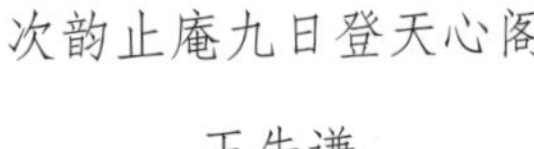
次韵止庵九日登天心阁

王先谦

高阁凭临感物华，十年京辇暂还家。
清游待访赤松子，佳饵来寻黄菊花。
是处楼台悬日月，几人邱壑老烟霞。
去秋狂客皆尘土，惟有霜风吹帽斜。

王先谦（1842~1917），字益吾，号葵园，善化（今长沙）县人。同治进士，选庶吉士，授编修，迁侍讲，

升国子监祭酒，江苏学政。光绪十五年（1889）回湘，先后主持思贤讲舍、城南书院、岳麓书院。光绪二十二年(1896),集资创设宝善成机器制造公司。一生博览群书,多有成就，汇刻《皇清经解续编》，编著《诗三家义集疏》、《汉书补注》、《虚受堂文集》、《后汉书集解》、《十朝东华录》等。

辛亥九月十一日登天心阁

曾广钧

海鹤存亡六十秋，西风独上驿南楼。

马殷霸业同残照，崔颢佳篇在上头。

倏忽陵风朱点鲤，须臾失势白符鸠。

秦丝已应柯亭尾，何止骊珠得益州。

曾广钧，字重伯，字觙安，清末长沙府湘乡县人，曾国藩之孙。由钦赐举人成光绪己丑进士，朝考改庶常，官广西知府。渊源家学，诗文足以名世，著有《环天室诗集》。

题子大九日阁会图

黎承礼

登高阁会题襟处，画里看山倍忆家。

十发写传歌郢卷，重阳吟对战场花。

驰珠雳火空夔屋，断渡秋涛失涨沙。

独倚天心望江汉，洞庭波下日西斜。

黎承礼，字薇生，长沙府湘潭县人，国史馆总纂黎培敬之子。少禀庭训，敦笃学行，成光绪甲午进士。宦游四川，壮岁归田，日耽吟咏。自遭乱以还，沧桑之感，时动于中。幽愤孤吟，寄托深远。

左卿邀登天心阁小酌

李桢

芒鞋竹杖许追寻，高阁重登寄慨深。

四海更无容足地，百年至负救时心。

杯浮绿蚁愁应遣，风卷黄沙日已沉。

欲觅扁舟向东三，奔涛骇浪恐难禁。

李桢，湘阴李星沅从子，尝作《六书系韵》二十六卷，刊行后，遗令瘗其稿本，王先谦作书冢铭，比之刘蜕文冢，谓“君于篆籀之学，夙有神契，晚益镂心刻志，条析同三. 参考前闻，作为是书，昕夕摹索，积二十年，稿凡屡易。君家世丰厚，而有夷然不屑之概。出宰湖北，治剧邑，有循声。年未四十，告归不复出，屏居谢俗，以从事于文字音韵之学，逮老而弗衰，庶几乏以道自足者”。观所言可以知其志矣。著有《逭华庐诗存》。

天心阁题壁

成本璞

危楼倚湘水，孤城落照斜。

烟树挟云气，风涛走月华。

江声咽征雁，秋色绽寒花。

俯听笙歌沸，长沙十万家。

成本璞，字琢如，长沙府湘乡县人。才思横溢，工于词章，为张燮钧、江标学使所推奖。曾留学日本，归国游宦江南，著有《通雅斋丛稿》行世。

清代文人登临天心阁后还为后人留下一批享誉联坛、脍炙人口、意蕴深刻的楹联。这些名联佳句植根于深厚的历史文化，依托于天心阁独有的

自然风光，体裁独特，匠心独具，从不同侧面提炼出千古名楼的特质与精髓，也映衬出长沙“湖湘首邑，山水洲城”的气质。这些楹联有的已悬挂在天心阁各层楼上，供游客欣赏，兹录8副如下：

江忠源题天心阁

携酒上层楼，想屈子招魂，贾生对策，纵谈楚国多才，二千年往事犹存，秋雨正吟诗，遣兴岂徒韩吏部；

凭栏添逸气，望星沙夕照，湘水归帆，好写江城如画，数万里游踪几遍，岳阳曾揽胜，关心总是范希文。

江忠源（1812~1854），字岷樵，湖南新宁人，清道光举人。曾领楚勇参加咸丰间的长沙保卫之战，该联当作于此时。后成为著名湘军将领，授安徽巡抚，赠总督。有《江忠烈公遗集》传世。

黄兆枚题天心阁

岳麓西横，湘波北逝，得屈贾朱张点缀，便成绝胜江山，此地好游观，把平生道骨骚心，一证皇虞三古梦；

轸旁星小，胡外云蛮，自彭罗曾左崛兴，遂创可惊事业，孤城入争战，聚无数青磷碧血，化为烟火万家春。

黄兆枚，字宇逵，自号黄芥沧师，长沙人，清光绪进士。官吏部主事，以学术著闻，著有《芥沧馆诗文集》。另一题天心阁联“四面云山都入眼，万家烟火总关心”更为有名。

黄兆枚对联

萧云爵题天心阁

长沙城郭全非，留兹片地游观，彼风月江山，本造物之无尽藏也；

百姓脂膏易竭，若不及时爱惜，则台池鸟兽，在诸君岂能独乐哉。

萧云爵（1852~1935），字漱云，长沙人，清光绪进士，曾任广东主考官，工书法诗联，老于林墅间。

陈继训题天心阁

岂天下已安时，看烟火万家，敢忘却屈大夫九歌、贾太傅三策；

此城南最高处，更楼台百尺，好管领卅六湾风月、七二峰云岚。

陈继训，字杏聪，长沙县桥驿（今属望城）人，清光绪进士，曾出使俄国参赞，后任清度支部主事军饷司司长。

程颂万题天心阁

胜地重重，三面云山一面水；

予怀渺渺，两篇策论九篇歌。

程颂万（1850~1932），字子大，长沙府宁乡县人（其出生地今属望城），清末湖南高等学堂监督，时与汉寿易顺鼎、长沙曾传钧并称“湖南三诗人”，著有《楚望阁诗集》等。

吴恭亨题天心阁

天地苍茫，前不见古人，后不见来者；

心胸开拓，块以视衡岳，杯以视洞庭。

吴恭亨（1857~1937），字悔晦，号岩村，湖南慈利人，早年受唐才常案牵连，系狱经多年。民初加入南社，举为省议会议员，著有《对联话》、《悔晦堂丛书》等。

郑家溉题天心阁

此阁巍然，为全省观瞻所系；

世乱久矣，是一隅来复之机。

郑家溉

郑家溉（1873~1944），字从耘，晚年号筠园老人，长沙县人。清光绪进士，选翰林院庶吉士。毕生研究书法，颇有造诣。民国成立后，曾在吉林居住。1934 年，拒绝伪满洲国任命，举家自京返湘。1944 年 5 月，避难于湘乡县七宝山，因拒绝日寇委以维持会职务，跳塘自溺，以死明志。

八、辛亥革命的历史见证

自清末戊戌维新运动起，天心阁便成了长沙近代史的重要见证。1898

辛亥革命时期的天心阁

年1月熊希龄、谭嗣同、唐才常等在湖南巡抚陈宝箴的支持下，创办了政治学术团体南学会，天心阁是其集会的场所之一。唐才常及南学会成员秦力山等常来此演讲，传播“开民智、伸民权、一民心”的维新思想。1898年唐才常登上天心阁，作七绝《登天心阁》，诗中赞叹长沙美好的自然景观后，欲问苍天“逢世难”，同时又自答“不是杞人忧”，充分表现了作者一种强烈的愤世悲凉的情感。诗云：

湘江一碧水如油，万里云山古翠浮。

未必儒生逢世难，悲凉不是杞人忧。

唐才常

唐才常（1867~1900），字伯平，号绂丞，后改佛尘。长沙府浏阳县人，贡生出生。1895年与谭嗣同等在浏阳办算学馆，1897~1898年在长沙编辑《湘报》和《湘学报》，参与创办时务学堂、南学会等。戊戌政变后逃亡日本，旋回国组织正气会，筹组自立军。1900年举事失败，就义于武昌紫阳湖畔。在经济思想上提出了一整套资产阶级改革方案，主张厂矿完全由私人资本经营，反对官商垄断，还亲自在家乡主持开办锑矿、煤矿。被视为早期中国民族资产阶级的代言人。

黄兴

1905年革命党人陈家鼎受孙中山、黄兴之委托，由日本回湘组织同盟会湖南分会，禹之谟任会长，机关办事处即设在天心阁三楼。据岳麓书院末任山长王先谦1914年所作《次韵止庵九日登天心阁》诗中句解云：“禹之谟开学会演说，宁调元募刻《洞庭波》书，皆在阁中。”宁调元当时的确是以自行募刻的办法，印发宣传革命的文稿，在天心阁初创了《洞庭波》杂志。1906 年 5 月，宁调元与禹之谟首倡并实施公葬爱国志士陈天华与姚宏业，事后禹之谟被捕，宁调元避抵上海，正式创办了《洞庭波》杂志。刘谦在文中载："辑其在天心阁所成之稿，并请陈汉元、傅君剑分任编撰。抨击汉奸满虏，不遗余力。每期印数千册，散布各省。"

禹之谟（1866~1907），字稽亭。长沙府湘乡县人。曾随湘军参加甲午战争，战后至上海，专心研究实业。在长沙结交谭嗣同、唐才常等。戊戌政变后参与自立军活动，事败逃亡日本，学习化学和纺织工艺。1903 年在湘潭创立湘利黔织布厂，1904 年迁厂长沙，并附设工艺传习所。同年加入华兴会，次年参加和领导收回粤汉铁路运动和抵制美货运动，被推为长沙商会会长和教育会长。1905 年加入同盟会，任湖南分会会长。1906 年被捕，旋被绞杀于靖州，1912 年迁葬长沙岳麓山。

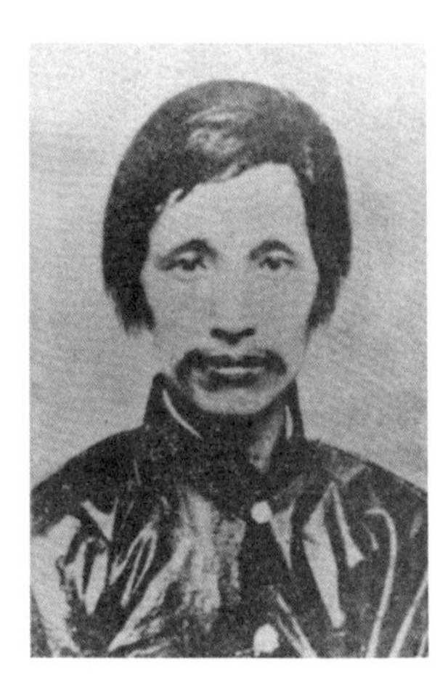
禹之谟

宁调元（1882~1913），字仙霞，号太一。长沙府醴陵县人。早年就读长沙明德学堂，结识黄兴、张继，加入华兴会。1905 年留学日本，入同盟会。次年回国，在长沙与禹之谟发起公葬陈天华、姚宏业于岳麓山。主编《洞庭波》杂志，宣传反清革命。曾策应浏萍醴起义，在岳州被捕，囚长沙狱 3 年。获释后到北京，负责《帝国日报》编辑。武昌起义后，奔走湘鄂间。1913 年入鄂策动反袁，事泄，被逮于汉口德租界。9 月 25 日被袁世凯、黎元洪

宁调元

杀害于武昌。著有《太一遗书》。

1911年3月2日广州起义前夕，省会新军领导人刘文锦召集同志56人在阁上开会，图谋策应。刘文锦在会上慷慨激昂地说："现在清政不纲，国土日削，我辈为救亡图存，光复祖国而革命，必须群策群力，方克有济，幸勿稍怀疑惧。"56人分为步兵、马兵、炮兵、工程兵4队。步队有安定超、张海斌等，马队有刘安邦、苏德辅等，炮队有谢斌、李金山等，工程队有欧阳钧、谈满芳等。与会人员对江宣誓，共约死生，并由各人自约认定担任联络。长沙起义之武装基础遂建立于此天心阁会议矣。当天心阁三楼盟誓之际，不意抚院操目汪子林、探兵刘宏德、唐子英正在二楼饮茶，因此事泄，抚署立即发出暗杀令。刘文锦获悉，辗转逃至上海，得以幸免。同年10月10日，武昌起义爆发，长沙首先响应。18日，焦达峰、陈作新等在贾太傅祠开会，决定起义。同时，陈作新密约新军同志在天心阁中策划布置。22日起义一举成功，焦达峰、陈作新被推为湖南军政府正副都督。

刘文锦（1886~1936），字德馨，号曙汀。长沙府益阳县人。早年肄业于湖南陆军学堂。后入保定速成军官学堂。1909年入同盟会。1910年与宋教仁等谋长江革命，入湖南新军营运动。1911年谋应广州起义，召集各标营代表在长沙天心阁秘密部署，事泄离湘。长沙光复后回湘，任骑兵团长。入民国一度兴办实业。"二次革命"时参与湖南独立活动，嗣后追随谭延闿。1924年与胞兄刘承烈在益阳组湘中游击司令部，任司令，参与驱赵斗争，后所部被改编为湘军第六军第三师，任师长，授陆军少将。

焦达峰（1886~1911），原名大鹏，字鞠荪。长沙府浏阳县人。1903

年进长沙高等学堂预备科。1906年赴日习军事，加入同盟会，任调查部长。1909年回国与孙武等在汉口设共进会。1911年图谋响应广州起义，事败避居汉口，与湖北革命党人共谋湘鄂同时举事。武昌起义爆发后，与陈作新等组织湖南会党及新军响应，10月率军光复长沙，被举为湖南军政府都督。同月在兵变中被害，葬于长沙岳麓山。1912年南京临时政府追授为大将军。

焦达峰

陈作新

陈作新（1885~1911），字振民。长沙府浏阳县人。1905年入湖南弁目学堂学习，后加入同盟会。毕业后在湖南新军混成协四十九标任排长。1910年长沙抢米风潮中，因动员管带陈强发动起义，被开除军职。继在新军中开展革命活动，并与焦达峰组织同盟会湖南分部。1911年武昌起义爆发后，会同焦达峰发动长沙起义，成立湖南军政府，推为副都督。旋在兵变中被害，葬于长沙岳麓山。

正是由于这些革命志士的前赴后继，天心阁阁楼里秘密的起义谋划活动，很快形成湖南民众响应武昌起义的熊熊烈火。

1911年10月13日，湖南革命党人得知武昌起义的消息后，几次在贾谊故居和天心阁举行会议，决定10月22日在长沙响应武昌首义，并成立了以焦达峰、陈作新为首的同盟会战时统筹部，负责起义的领导工作。会上还推定标、营起义的指挥人员，策动抚台衙门卫队和通知会党的负责人。

早已获知武昌起义消息的湖南当局，对新军采取了严密的防范措施。到19日，长沙风声日紧，街头岗警林立，荷枪实弹，如临大敌。黄忠浩所派巡防营稽查队官兵高举大令，穿梭巡逻，来往行人均须经过检查，以致民间讹传巡抚部院装置了大炮，将对新军营房实行轰击。鉴于敌人防范甚严，加之洪江会兵马估计要23日才能赶到长沙，焦达峰等决定将起义日期推迟到23日。

不料21日清晨，有关起义的机密被泄露，巡抚余诚格闻报后决定于次日将长沙新军全部调往株洲，然后紧闭城门，企图将革命党人一网打尽。时迫事危，千钧一发，焦达峰、陈作新立即召开紧急会议，当机立断，将起义提前到22日举行。

10月22日清晨，新军士兵闻哨声纷纷赶到协操坪集合；同时将四十九标二营军装库打开，取出枪械弹药。然后，每人发给白布臂章一块、

起义新军向长沙进发

子弹10发，由安定超传达起义有关事项。他首先演说革命意义，接着宣读了焦达峰、陈作新关于起义的命令。然后，鸣放信号枪3响，起义队伍分途出发。

彭友胜率领北路军进攻北门，一路不但未遇任何抵抗，守城巡防营士兵反而大开城门，让新军长驱直入，从容占领了荷花池军装局。进攻小吴门的安定超东路军稍费周折后，亦一枪未放进入东城。入城两军在谘议局会师之后，于中午时分从东、西辕门展开了对巡抚衙门的攻击。与此同时，焦达峰、陈作新等战时统筹部的成员也赶到了巡抚衙门外，亲自指挥擒拿巡抚余诚格与巡防营统领黄忠浩的战斗。黄忠浩在又一村被炮兵营李金山擒获，旋被带至小吴门城楼，当众斩首示众。余诚格

被义军斩杀的长沙巡防营统领的黄忠浩

辛亥义军占领长沙天心阁城头

在起义军冲入抚署后，一面令侍从在大堂上高悬“大汉”白旗，伪示投降；一面则由左侧孝廉堂穿壁潜逃，后逃往上海。其他重要官员纷作鸟兽散。巡抚衙门前的龙旗换上了象征革命胜利的“汉”字大旗。不久，“汉”字大旗又插到了湖南同盟会最早的秘密领导机关——天心阁。

长沙起义成功后，当即成立了以焦达峰、陈作新为正、副都督的“中华民国军政府湖南都督府”，宣告了湖南革命政权的建立。与此同时，立宪派也活跃起来。他们首先迫使焦、陈同意，成立了参议院，举谭延闿为院长；接着又在都督府设立民政、军政两部，分由谭延闿、黄鸾鸣为部长，从而在事实上控制了湖南政权。军政府成立以后，迅即传檄全省，号召各地反正，各道、府、州、县闻风响应，到11月5日，全省除常德以西地区外，全部光复。清王朝在湖南260多年的封建专制统治宣告结束。紧接着军政府着手镇压反动武装，建立革命新秩序；扫除陋习，倡导新风；并派湘军援鄂，支持全国的光复斗争。

焦达峰、陈作新领导的辛亥长沙起义，是全国第一个响应武昌起义的壮举，巩固了首义地区的胜利成果，极大地推动了其他省份的起义和独立，加速了清朝统治在全国范围的崩溃。

九、民国市民公园

民国十三年（1924）长沙古城墙拆除完毕，在市政公所总理曹典球等人的极力主张之下，保留了天心阁这一段城墙及古阁楼。省长赵恒惕令警察厅长刘武为首，将天心阁及阁下城墙修葺完好，修缮旧阁，于阁的左右仿照北京文渊阁增建二轩（木质），于轩与主阁之间建复道。二轩即今天

1926 年从新修的天心路远眺天心阁

心阁南北副阁，有两层，呈长条形，南北两端呈三面形，南端正对石级。轩与主阁用曲尺形复道连接。当时称为城南公园。主阁一楼和二轩以茶待客，主阁二、三楼陈列古物和名家艺术品。这里收集的古物和名家艺术品逐渐多了起来，经常给展厅补充更换一些新的陈列内容，俨然成了一座城市博物馆，引起了不少市民的浓厚兴趣。同时在阁下从蔡道宪墓园（俗称蔡公坟）起，经燕子窝、老龙潭、妙高峰至大椿桥修游路一条，后称为天心游路。

1925 年城南公园开园时天心阁北轩一角

1926 年前后，天心阁已年久失修，有坍塌之虞。此时正值唐生智主湘，他决定将天心阁重建为主附三阁。刚建到阁墩，因省府连番改组，无暇顾及此事，加之资费不济，工停事废。1928 年，宁乡人鲁岱接任市政筹备处处长，呈请省府拨款6000元，完成了此次重建。鲁岱所撰《长沙辟市琐忆·请款修完天心阁》载，重建的天心阁，三阁鼎峙，矗立天空，画栋飞云，珠帘卷雨，别有一番气象。阁之南北两端，以旧城垣为引道，中嵌石磴，左右护以白石栏杆。

1929 年公园内古城墙北端建起了一座国耻纪念亭。1928 年 5 月 3 日，日寇制造了屠杀中国人民的济南惨案，激起了中国人民的无比愤怒，湖南人民的反日情绪不断高涨，决定实行对日经济绝交，抵制日货。1929 年中，

1928 年重建的天心阁

廖汉瀛受省政府主席何键嘱托，在天心阁午炮亭位置新建国耻纪念亭，以唤起民众的爱国之情。亭高三丈余，立四木柱，外围石栏，内围铁花栏杆，栏之四周制有“千夫所指”、“万众同心”、“革命精神”、“义无反顾”、“触目惊心”、“疾首痛心”等字，亭中有水泥绘制的国耻地图一帧，租割失地，均涂有鲜明之色彩，瞻瞩之余，未始不触目惊心、顿增无限愤慨也。廖汉瀛作有《国耻纪念亭序》，全文如下：

中国古文明国也，幅员辽阔，人口众多，因受帝国主义者政治经济文化种种之侵略，竟沦为次殖民地，丧权割地，赔款惨杀之案，岁有所闻。外人目为睡狮，倡言瓜分而共管，甚有以夺获我国之战利品，陈之公园者，耻孰甚焉。

先总理乃唤起民众，共同革命，主张废除不平等条约，现由军政进为训政时期，吾湘政府，恪遵建国大纲，力谋建设，百废具举，市政聿新，而以天心阁委托汉瀛整理。承主席何公，嘱建国耻纪念碑亭，盖欲使阅都者触目惊心，奋发图强，立跻于国际平等地位，且欲使外人觉悟，自戢野心，促成国民亲善之外交，共趋大国之治也，兹值工竣，谨志其缘起如此。

国耻纪念亭门前悬挂着星沙第八高级小学校长曹秩庸撰写的长联，联曰：

普天皆义愤填膺，举目慨河山，问何时痛饮黄龙，电扫霆摧歼小丑；
同心雪历年积耻，热忱挥铁血，看指日澄清赤县，湘声岳色蔚新猷。

国耻纪念亭的前身为1916年秋所建午炮亭。当年湖南省政府为方便长沙市民生活与商贸活动，于天心阁北面百米处城墙之上建午炮亭。亭以城墙大青砖筑基台丈余高，四方以木质栅栏作墙，树皮盖顶，北向有门，

1929 年国耻纪念亭

上悬“午炮”二字匾额，“午炮”二字后题有12行小字款。亭内置黄铜火炮一门，炮口朝东，由驻阁消防部门管理，每日正午12时鸣炮一响，作为长沙全城计时标准，可见当时百姓很少有钟表者。当时长沙人戏称为“天心阁时间”，1925年天心阁下城南公园建成开放后不久，午炮正式停止了鸣放。

1928年午炮亭

1929年8月1日起，长沙市政筹备处将天心阁公园的管理权收回，成为市政筹备处的直管单位，并继续开放。但当时政府感觉天心阁公园“游人众多，仍须限制，藉维秩序”，因此制定游览规则4条，在报纸和公园等

1930年日本发行的天心阁明信片

处公布，让市民懂得如何享受公园的生活。游览规则如下：

天心阁公园游览规则

一、本园永远免费开放，惟游览人等须遵守本园各项规则。

二、本园游览时间每日自上午六时起到下午十一时止。

三、左列各色人等不得入园游览：

1 酩酊醉汉与有狂疾者；2 八岁以下儿童无人监护者；3 顽童乞丐；4 摊担负贩；5 衣不蔽体者。

四、本园游览人需注意左列各项禁条。

1 不得聚众集会；2 不得攀折花木，损毁用具及一切公物；3 不得于园内停放车马及驶行脚踏车；4 不得污损墙壁；5 不得喧哗门殿；6 不得任意便溺吐痰；7 不得挟妓赌博；8 不得有其他妨害善良风俗之行为。

公安局长张翥

处长余籍传

中华民国十八年

何元文

1932 年，何元文出任长沙市首任市长，他上任伊始就决定在天心阁建“儿童健康公园”。何元文（1890~1986），字少悌，晚号竹庄老人，长沙府醴陵县人。1911 年赴长沙考入第一法政学堂。1918 年从政，历任临湘县禁烟所所长、资兴县县长、衡阳县县长、湖南省建设厅代理厅长、湖南省第一纺织厂厂长等职，均有政绩。1930 年调长沙市政筹备处，任处长，筹备长沙改设为省辖市及成立市政府的工作。1932 年长沙市政府成立，出任市长，1938 年春辞职。在此 9 年中，

对长沙市政建设多有举措，颇得政声。抗日战争时期，在重庆任内政部视察主任，抗日胜利后回长沙从事金融工作。1950 年去香港，继而去台湾，晚年专心读书念佛，享年 96 岁。

1932 年夏，公园建设正式启动，首先对天心阁进行了一番修葺，公园四周用木栏围护，并沿栏植树。园内建有 4 个小花园，3 座花台，7 张水泥椅。还有秋千、滑梯、摇篮、轩轾板、吊环等玩具。又于西北高冈上建构一古典木亭，名为熏风亭。熏风，取自舜帝《南风歌》中“南风之熏兮，可以解吾民之愠兮”之辞意。何元文特为熏风亭作记一篇，全文如下：

熏风亭记

余长长沙市政既数月，就天心阁迤东隙地，跂醵金为儿童公园，中植花木，范以栏垣，凡儿童玩赏憩息运动诸具备焉，园西北有高阜，构亭其上，杂树环阴，苍翠欲滴，落成于盛暑，熏风披拂，因以名之，窃解愠之义助养正之功云耳。

民国二十一年夏醴陵何元文

1932 年儿童公园一角

最初之熏风亭

何元文还为熏风亭题联，联曰：

何云童子无知，但看攘往熙来，尽是天真活泼；

须识后生可畏，等待名成业就，毋忘园里嬉游。

何元文又为天心阁题联，联曰：

何止路三千，上摘星辰，万丈高楼从地起；

不容尘半点，只谈风月，一江秋水映天心。

当时湖南名记者严怪愚曾这样描述儿童公园：

每天那儿，总有几十个儿童，在消磨他们的白昼，练好铜筋铁骨，预备做国家的干才。这个人生过程的一段落，童年生活，有像黄金一样的宝贵。所以我每当来到这个公园，憧憬过去的往事，就追怀已逝的一切，那儿童天真的笑涡，伶俐的口齿，秋水般的眼珠，活虎般的身段，不是令人生爱慕之心吗？只要是无情岁月催迫着你，就可使天真伶俐变作萎靡颓唐，眼珠呆，身段笨，走进名利的黑道。若是在春风里，又送来一阵“大路”歌声，黄莺样的尖喉，更会使你心怡与意旷。并且，当你沿着小径，坐在熏风亭上去欣赏那班儿童生活真善美，你心里又是一种何等的惬意。

十、天心阁抗日烽火

当儿童们天真活泼地嬉游于天心公园时，一场灾难正向古城长沙扑来，天心阁也毁于一旦。1938 年 11 月 11 日，日本侵略军攻陷岳阳。湖南省政府主席张治中收到蒋介石发来的电报：“长沙如失陷，务将全城焚毁。”长沙警备司令部奉命制定放火焚毁长沙的计划，并预定以天心阁举火为号。

長沙天心閣

“文夕大火”前的天心阁

12日深夜、13日凌晨，南门某处突然起火，放火队员误以为信号，便四处点火，一场旷世大火骤然而起。天心阁也付之一炬，化为一堆废墟。因为12日的电报代码为“文”，史称“文夕大火”。16日清晨，赶到长沙的国民政府政治部部长陈诚和副部长周恩来随蒋介石登上天心阁废墟，凭高远眺，只见整个长沙一片焦土瓦砾，甚感惋惜。随即，周恩来召集政治部三厅人员一百余人在天心阁前集会，布置救灾工作。周恩来发表讲话，提出“惩办肇事祸首，积极救济灾民”。同时又指出：“这一切都是日本帝国主义对我国疯狂侵略所引起的，要把仇恨记在日本帝国主义身上，振作精

长沙大火烈焰腾空

“文夕大火”后长沙城一片废墟

神，重建家园。”

“文夕大火”并没有阻止日军向长沙的进攻。1939年9月至1942年1月，日军3次大举进犯长沙。中国军队奋力抵抗。史称“长沙会战”。3次会战，日军均从长沙败退。长沙成为坚持抗战达5年之久的英雄城市。

中国军队在天心阁古城墙下向日军奔袭

1939年9月1日，日本第十一军司令官冈村宁次调集4个师团、舰艇300余艘、飞机100多架，共10万兵力，从赣北、鄂南、湘北大举进犯长沙，企图消灭中国第九战区的主力，挫败中国政府的抗战意志。中国第九战区司令长官薛岳统率战区所属部队18个军共30万人迎战。早在大战到来之前，薛岳已根据长沙至岳阳的地理形势和双方力量的对比，制定了“诱敌深入，后退决战”的方针。日军深入长沙，既没有捕杀到我军主力，又缺乏后续部队的增援，形势十分不利，只得下令撤退。10月1日，日军各部纷纷掉头北撤。薛岳立即严令各部全力追击，沿途民众纷纷出动打击日军，中国空军也从成都机场起飞轰炸武汉日军机场。10月7日，狼狈不堪的日军退回到新墙河北岸。至此，第一次长沙会战结束，史称“第一次湘北大捷”。

中国守军进入天心阁瓮城炮洞

中国士兵在天心阁瓮城内待命

中国守军登上天心阁城头准备战斗

由于天心阁占踞长沙城内制高点，3 次会战中都成为我军重点部防的主要阵地。特别是第二次会战时，日军曾于 1941 年 9 月 27 日晚攻入长沙，天心阁阵地直接面临敌军的强攻。日军占领长沙后，我军各部重整旗鼓，由各个方面向长沙迅速集结，中国第六、第七战区的增援部队也赶到长沙，与日军在长沙外围和市区内展开了激烈战斗。在“文夕大火”后的残垣断壁下，中国军队与日军进行着逐街逐巷的争夺。据守天心阁的官兵抱定与长沙共存亡的决心，誓死一拼，最终击退日军进攻。由于日军始终未能占领长沙城制高点，加之我军各部重整旗鼓，向长沙迅速集结，占领长沙仅 3 天的日军被迫撤退。薛岳命令各部乘势追击，先后在汨罗江、浏阳河两岸予敌大量杀伤。10 月 9 日，日军又一次全部退回新墙河北岸，恢复到战前状态。日军迫使我方屈服和消灭我军主力的目的仍然没有达到，其近卫

内阁也因此而被迫下台。

1941年12月8日，日军偷袭珍珠港，发动了太平洋战争，随即又在东南亚地区向英国和美国的军队展开了凶猛的进攻。日军为了打通在长沙受阻4年之久的粤汉交通线，出动12万兵力，发动了第三次对长沙的进攻。12月24日，日军分数路强渡新墙河，急速南进。我军节节抵抗，诱敌深入。1942年元旦，日军开始攻打长沙城。我第十军军长李玉堂奉令率领全军守卫长沙。李玉堂与全军将士抱定与长沙共存亡的决心，拼死抵抗，与敌血战4天4夜，艰苦卓绝，以少胜多，经历了长沙大火的天心阁古城墙头，

中国守军在天心阁城头上狙击敌军

我军居高临下，奋勇杀敌；古城墙下我军迂回运动，调度自如。战地记者徐斌1943年著《长沙纪实》这样描述第三次长沙会战时天心阁的战斗场面：

在第三次长沙会战的过程里，这一块高地又形成了极重要的地点。当元旦日敌人攻陷白马庙（位于天心阁下东北向）的时候，天心阁便成为最前哨的高地。在这块高地上面，可以很清晰地看到敌我在短兵相接时候的肉搏战，而在枪炮交响声中，奉令守这一线的周庆祥师长，也就在这一块高地上指挥战争。到第二日，张团也是从那里出击而收复了白马庙这一个据点的。如今，战斗已经过去了，天心阁这块高地仍旧地是矗立在南门的边缘，这里曾经是今古战场的高地，将永远是人们憧憬和凭吊的所在。

日军攻城的第三天，我第九战区各路大军正日夜兼程，从四面八方向长沙压来，而20万长沙民众已严阵以待，准备参加最后的战斗。1942年1月4日拂晓，我军形成对日军的三面合围态势，弹尽粮绝的日军仓皇逃窜。第三次长沙会战以中国军队的大获全胜而宣告结束。当时，英国《泰晤士报》发表评论指出："12月7日以来，同盟国军惟一决定性之胜利系华军之长沙大捷。"伦敦《每日电讯报》则评论说："际此远东阴雾密布中，惟长沙上空之云彩确见光辉夺目。"蒋介石也说："此次胜利，实为七七以来最确实而得意之作。"

薛岳

2005年抗日战争胜利60周年之际，《人民日报》发布了每日一谱的"抗日英雄谱"，薛岳名列其中。薛岳（1896—1998），又名仰岳，字伯陵，绰号"老虎仔"。广东乐昌人，10岁入黄埔陆军小学学习，16岁入保定军官学校，曾加入同盟会。曾先后任贵州省主席、第一战区前方总司令、第九战区

司令长官兼湖南省主席、总统府参谋长、广东省主席等职。抗战期间，他指挥三次长沙会战，给日军以沉重打击，曾获美国总统杜鲁门颁发的自由勋章，授一级陆军上将衔。1950 年去台湾，后任“总统府”战略顾问等职。

在整个抗日战争中天心阁还一直为防空观察哨所、防空警报台和反空袭作战的高炮阵地。1937 年 7 月 7 日“卢沟桥事变”后，当时的湖南省政府在长沙市组织了第一次防空演习，演习结束，在省保安处内成立防空股（这是湖南最早的防空组织），并指定在天心阁阁楼、国货陈列馆和警钟楼上设立防空瞭望台，兼管火警瞭望。这是长沙市，也是湖南省最早的 3 个防空瞭望台。随即长沙市政府成立了防空组织，1938 年 1 月在全市设立 5 个防空观察哨点，天心阁是重要的一个（还有狮子山、五里牌、警钟楼、纺织厂），哨所人员全由地方军人担任，一般设哨长一人，士兵多人。那时没有仪器设备，全凭哨员的肉眼看、耳朵听来掌握敌机动态。向市民传递敌机情况是采取在木杆上悬挂灯笼，显示空袭警报或紧急警报，以指示市民向城外疏散或就地隐蔽等。到后来防空袭情报传递设备有所改善，同时使用铁钟和手摇警报器。

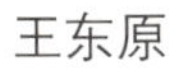
王东原

1944 年 6 月 18 日，长沙沦陷，天心公园一片荒芜颓废之象。1945 年 8 月 15 日，日本宣布无条件投降。长沙市政府着手修复天心公园。1946 年 6 月，原第六战区副司令长官王东原出任湖南省政府主席。王东原（1899—1997），安徽全椒县南乡赫石镇人，1919 年考入保定军官学校第八期。1922 年毕业后，被分配到蚌埠的皖军见习。1923 年夏，投奔在湘南的第一师宋鹤庚部，任独立第十团上尉参谋。不久，该团改编为湘军第三十九团，他升为团副。次年春，他升为中校团副，兼任补充大队长。1935年授陆军中将衔。1946~1948年出任湖南省政府主席。任职期间提出了一系列全省经济、交通、文化的现代化建设蓝图，亦有政绩。晚年移居美国，从事著述，有《浮生简述》等行世。

作为担任过第七十三军军长、参加过淞沪会战和长沙会战的抗日将领王东原，对在长沙抗日会战中牺牲的我军将士，特别是第七十三军将士深怀悼念和敬仰之情，遂决定在长沙会战的重要纪念地——天心公园内兴建一组纪念性建筑，以永远悼念在长沙抗日会战中牺牲的将士。社会各界踊跃捐款，相传蒋介石、张治中等政要也捐了款。这一组纪念性建筑由崇烈塔、崇烈门和崇烈亭组成，当年便落成，对民众开放。三建筑建在从公园北大门至天心阁城墙下的一条直线上，从低到高，一眼望去，蔚为壮观。崇烈塔等落成之日，王东原亲撰一联深切哀悼抗日阵亡将士，联曰：

忝领师干，几回奏凯几行泪；

为崇功德，一度秋风一瓣香。

崇烈塔建在原天心公园北大门入口后的广场上，全部采用花岗石作为建筑材料，塔的直径约1.2米。塔底是个正方形的底座，四周筑有围栏。塔身是高约12米的六角形石柱，在石柱的顶端有个石圆球。这个圆球象征着地球，在圆球上还刻有当时的中国地图。一座石雕的狮子蹲踞在“地球”上，狮子代表中国。在当时，崇烈塔的意义就是教育国人要守住自己的国土。

崇烈塔的前方为崇烈门。崇烈门为四柱三门牌坊式建筑，全花岗石建造，宽8.5米，高5.9米。门额“崇烈门”三字楷书传为蒋介石所书。崇

1948 年两位女少年登上崇烈塔

1956 至文革前的崇烈塔

烈门居中的一副对联为“气吞胡羯，勇卫山河”。“胡羯”指的就是日寇。侧柱的一副对联用篆书写成，联曰：

犯难而忘其死；

所欲有甚于生。

上联出自《易经》：“说以先民，民忘其劳，说以犯难，民忘其死。”下联出自《孟子·告子上》：“生亦我所欲，所欲有甚于生者，故不为苟得也。”对联的意思是：冒险而忘记生死，理想胜过活着。道出了抗日阵亡将士为国赴难奋不顾身，为了理想宁可捐躯的伟大民族精神。这两副对联对抗战将士们的民族气节和献身精神给予了高度的赞扬。

进入崇烈门便是登高的石阶级，直达天心阁后坪。石阶级的尽头便是屹然矗立的崇烈亭。崇烈亭建在原国耻纪念亭的废址上，造型端庄，十六方柱斗拱，八角歇山顶，颇具特色。亭额“崇烈亭”三字亦传为蒋介石所书。亭两面的立柱上携刻着著名书画鉴赏家徐桢立所撰的两副对联。

1946 年刚建成的崇烈门

2006 年重建的崇烈门

正面联云：

百战靖胡尘，精忠争日月辉光，大节壮山河气色；

四阿延楚望，长剑指天狼落云，神弦连甲马归来。

反面联云：

有亭翼然，览风物睹江流之胜；

是真勇者，执干戈卫社稷而亡。

20世纪60年代，守望塔和崇烈门先后被拆除，崇烈亭则改名为入胜亭，并凿去了亭柱上的老对联。2006年，崇烈门依照老照片原址原貌重建，守望塔的恢复重建也在规划之中。同时，入胜亭于2008年恢复了崇烈亭原名，并重新在亭柱上挂上了徐桢立所撰的对联，以告慰抗日阵亡将士的在天之灵。

1946年刚建成的崇烈亭

崇烈亭名联作者徐桢立

2008 年恢复原名的崇烈亭

崇烈亭远眺

下篇　盛世名楼天心阁

一、 城留一角看江山

阁上九霄迎日月；

城留一角看江山。

这是著名文史学家、书法家萧长迈先生 1984 年为重建的天心阁所题楹联，今仍悬挂在天心阁阁楼上。该联使人追忆起一段令世人难忘的历史：

1924 年天心阁险遭拆毁。随着近代社会科学技术的日益发展，长沙古城墙不但早已失去了其军事战略价值，而且还成了扩大城市、发展交通、繁荣商贸的巨大障碍。因此，从清末至民初就多次议决要拆除城墙，1923 年至 1924 年便正式实施了这一浩大工程。1924 年秋，当拆除工作已近尾声，仅留下天心阁这一小段时，省府再议提出一并拆除。时任市政公所总理的曹典球先生挺身而出，力陈利弊，并慷慨声言，要“睡在城墙上，誓与城墙共存亡”。此举得到众多有识之上的拥护。经再三呈请，省府才最后决

议保留天心阁下城墙与阁楼。曹先生因此事在当时受到广泛赞誉。

1926年长沙完成了环城马路的第二期工程，即自小吴门经浏阳门、南门口、学宫门至西湖码头的这段路的修建工程，这其中包括城南路的修建工程。当年在修建城南路时，在老城基下挖出了不少民国、晚清、北宋、三国时代的古物。据民国十八年（1929）长沙《市政月刊》载："天心阁公园保管员周庆年呈缴天心阁工程处掘到的小玉牌一块"，年代甚古。"天心阁工程处掘到大魏韩文定墓志铭四块。"又有"环城马路南段工程处有何绍基所书石刻三块、其他横碑四块。又午炮台内有篆字长碑四块，（应为郭崑焘《修天心阁记》碑），台前有残碑四块，虽经风雨剥蚀，字迹模糊，然大意盎然，足供考古者之鉴赏……（南段马路工程处共计）有碑石十五块"。这些古物受到社会各方的高度关注，当时的湖南中山图书馆极力要求存入其馆内，而天心阁公园方面当然希望陈列在天心阁展厅内，双方展开了激烈的争论，最后，由长沙市政筹备处代理处长易希亮和随后继任的余籍传处长拍板决定：一切天心阁及天心阁下城南路下挖掘出土的古物，全部由天心阁保管并展出。可惜这些文物均毁于1938年"文夕大火"。

城留一角看江山

西北视角的天心阁

1955年10月，长沙市首届菊花展在天心公园举办，年届78岁高龄的曹典球老先生携友应邀前往参观，兴致勃勃地留下了两首感怀之作，其中一首为《同芸阁、抱圭登天心阁看菊花会》，其诗题下有一自注："余曾理长沙市政，彼时正拆城墙，群议将天心阁毁去，余力辞不可，今得保存。”其诗云：

在昔崩城迹未堙，尚余高阁望湘滨。
黄花迎我秋容改，赤帜横空市面新。
不让会春夸霸业，因留傲骨度霜晨。
偕游尽有忘形友，漫比陶潜咏士贫。

作者在诗中首先简要地叙述了天心阁曾经发生的那件往事。因为当时护阁成功的欣喜至今还溢于言表，心境释然。但他借咏菊以表心迹，认为不能因此自我夸功，只是自己在那困境中表现了一种应有的正义与骨气。

西南视角的天心阁

真乃忆往昔余味无穷，在这闲适愉快的晚年生活中，他会心一笑，自得其乐。

曹典球

曹典球（1877~1960），字籽谷，号猛庵。长沙人。早年就读于长沙时务学堂，参加戊戌维新运动。后任教湖南高等实业学堂，1908年任该校监督，创办矿业、土木、机械、化学、铁路等工科专业。辛亥革命后，曾任南京政府教育部主事、北京政府教育部秘书。1916年回长沙参加反袁斗争，次年任湘雅医学院董事长。1923年创办文艺中学。1926年任湖南教育司长。1931年后任湖南省教育厅厅长兼湖南大学校长。1934~1935年代理湖南省政府主席。抗日战争胜利后，任湖南大学中文系教授。1949年参加湖南和平起义。中华人民共和国成立后，历任湖南省军政委员会顾问、省政协常委、省文史馆副馆长等职。有《猛庵诗文集》行世。

1959年6月27日，毛泽东主席回长沙，下榻蓉园。当日，他决定宴请几个老朋友。下午5时，家住司马里11号的曹典球老先生迎来了一位湖南省委派来的干部，来人对曹老说:“毛主席请老先生到省委去共进晚餐。”曹典球当年82岁，是来客中最年长者，主席请他坐到自己的身边，随后便与大家亲切地攀谈起来。主席指着他向大家介绍说：“典球老先生是个好人，为社会做了不少好事，我们共产党人不会忘记他。”在座的人都表示非常赞同主席的说法。主席接着说:“其他的大事情不说，听说在1924年，是典球老先生的一股韧劲，才保留了长沙的一段古城墙和天心阁，这种精神难能可贵！”主席说到此，向典球老先生竖起了大拇指，众人不约而同地鼓起掌来。曹老忙起身推摇双手说：“感谢主席的嘉言！区区小事，何足挂齿！”接着有人说：“可惜，‘文夕大火’把天心阁烧了，真是太可惜了！”主席说：“过去的事已成为历史，现在的权力在人民大众手中，别着急，今后，天心阁还可以重建嘛！”

今日天心阁段古城墙及重建的天心阁双双成了湖南省文物保护单位，并有望成为全国重点文物保护单位。为此，我们得感谢曹典球这位先贤为保护古城所立下的盖世之功。

二、盛世重建天心阁

1938 年长沙“文夕大火”，天心阁毁之一旦。20 世纪 50 年代，天心阁废址上建起了一座茶楼，但长沙市民要求重建天心阁的呼声一直不断。

1984 年重建的天心阁（东面远视）

1984 年重建的天心阁（西面近视）

直到 80 年代才迎来了盛世重建天心阁的盛举。重建天心阁的工作于 1983 年 2 月动工，历时一年又九个月，耗资 104.8 万元，于次年 12 月 1 日对外开放。阁楼由一主两附组成，主阁三层，高 14.6 米，地势海拔 60 米，高出市区 30 米。主阁下的明城垣、雉堞、瓮城、炮洞都进行了修葺和加固，更显古城嵯峨、阁楼高耸之壮观。二楼走廊上重新嵌镌李汪度和郭崑焘的《重修天心阁记》。附阁二层，高 10 米。黄瓦朱楹，飞檐翘角，壮丽生色。南北附阁与主阁之间接以通廊，两通廊横轴线向前弱成合抱之势，高空俯瞰，如鸟张翼，势欲腾空。32 处阁角上悬挂铁马铜铃，风摇铃响，悠扬清越。

主阁东额“天心阁”，西额“楚天一览”，一楼额“荆楚名区”，二楼额“涵江揽岳”。阁后城垣上留有大片广庭，庭之南北，即瓮城与主城墙的衔接处筑以拉弓山墙和山门，依旧嵌“雄镇”、“壮观”、“居高明”、“远眺望”门额。

天心阁远眺

南山门入口联：

潇湘古阁；

秦汉名城。

北山门入口联：

天高地迥；

心旷神怡。

1983年，时任长沙市副市长的潘基礩，根据市委、市政府的决定，主持了天心阁的重建工作。这次重建天心阁时，因无老图纸可依，故参照旧照片图样重新设计。重建后的天心阁，主、副阁基台基本呈方形，位置靠后，

天心阁景区一角

天心阁南大门

附阁的后墙以城墙墙壁为基脚，主、附阁的体量比旧阁小，故阁后留出了一大片空坪。主阁和附阁均采用石基钢筋混凝土结构，连接主副阁的通廊较旧阁复道长。今天心阁与旧阁比较，其优点有二：其一，虽体量较旧阁小，但其形神无异旧阁，远近望之，其壮丽峻俏之仪态，令人肃然起敬。其二，阁后有大片空坪，给人以开阔敞亮之感，便于游人在阁外赏景和聚散活动。故有关专家认为：重建后的天心阁整体优于旧阁，环境空间设计更趋舒展合理。潘基礩后作有《重建天心阁选型并记》一文，节录如下：

1981 年余主持重建事宜，传闻所及，举市欣然。征集设计图纸，应

天心阁北大门外的浮雕墙

者不下十数，取舍未决之际，有老者惜忘其姓氏，献出珍藏原阁之大幅正立面照片。审查推敲阁体三维尺寸比例之协调，与城墙环境之融合，当年工匠技艺，不禁令人叹服。城墙乃弹丸之地，难更有胜之者。众议所归，乃袭原式，由市设计院据照片放大复原，并沿内城两侧加建南北两副阁以为陪衬。原为木结构者，为防火防蛀以钢筋混凝土仿木代之，设计既就乃戮力施工，以应市民之急望，原阁文化气氛浓郁，凡门柱匾额楹联，惜与阁同归于尽，不可复得。偶有得之者，则已不合时宜。因应众议征楹联与门额，以袭文化之源，更张重建之盛。应者踊跃，得800余副。为歌盛世，并求公允，乃聘评委10余人，皆古汉语饱学之士。驻青园宾馆，避嚣专

天心阁南山门

天心阁北山门

注，精选得20余副，循额联表意，配而适其位于阁。余循众意附庸风雅，亦有所作，忝列精选。联曰："高阁出重霄，揽云麓，抚湘流，纵几度沧桑，卷雨飞云，终如人愿；古城多盛迹，缀珠玑，添锦绣，系万家忧乐，鞠躬俯首，无愧天心。"长沙首任政委曹瑛，余之领导也，应请而欣然命笔，悬于阁之正门，颇得识者好评。对征集之楹联亦出专集以为纪念。竣工后组织验收，但见栗瓦石栏，飞檐高啄，风铃摇曳，滴哒悠扬，古韵怡神，如远市井，阁内匾联之配，或述景抒情，或赞颂时政，亮丽生辉，清雅之气有胜于昔者。开幕之日，游者满园，登临鸟瞰，河山依旧，而入眼全新。

天心阁附阁连廊俯视

长虹卧波以代轮渡，层楼栉比以便民居，远郊则烟囱林立，城厢已棋路纵横。而后绿阴递接，嘉树扶疏，兴旺之象，盛世之风，沛乎苍冥，岂独一城一阁而已哉。

1984年12月1日天心阁城头上彩旗招展，鞭炮齐鸣，长沙市人民政府在此举行了盛大的“隆重庆祝著名古迹天心阁重建落成剪彩典礼”。副市长刘湘皋撰写的《重建天心阁记》同天勒石于阁上，全文如下：

天心阁重建落成典礼请柬

請柬

隆重庆祝著名古迹天心阁重建落成剪彩典礼

天心阁重建落成典礼请柬

长沙著名古迹天心阁重建工程已全面竣工，联匾陈设规制均已就绪，兹订于一九八四年十二月一日（星期六）上午九时在天心公园古城楼上举行开放剪彩仪式，届时敬请光临指导

此致

陈光楃同志

天心公园

一九八四年十一月 日

重建天心阁记

天心阁居长沙城南最高处，不详其所始建。清乾隆四十二年、同治四年，李汪度、郭崑焘先后撰记，可略徵其兴废之迹。尔后一九二四年又一度重修，抗日战起，惜全毁文夕大火。中华人民共和国建国之三十三年，国务院列长沙为历史文化名城，长沙市人民政府乃于一九八三年鸠工重建，越年竣事。全阁采钢筋混凝土及其它新材料构成。主阁一仍旧制，凡三层，栗瓦石栏，檐牙高啄，左右增建游廊连二副阁，规模益闳。游者登临，瞰湘江北去，招岳色南来，长虹卧波，层峦叠彩，江山放眼，乾坤在抱，振兴中华之志，宁不油然而生！当兹举国上下，齐奔四化之际，我市革故鼎新，百端待举，愿与全市人民奋力而共进之，是为记。

长沙市人民政府

重建天心阁各层悬挂的对联均由当代名书法家书写后再携刻，龙飞凤舞，精美绝伦。所选对联除清人对联和新征集的佳联外，还有一副民间广为流传的地名谐音联，引起了游客浓厚的兴趣，联曰：

天心阁，阁落鸽，鸽飞阁不飞；

水陆洲，舟停洲，舟行洲不行。

重建的天心阁内经常举办各类文化展览和群众活动，如“中国名楼风采展”、“中国历代兵器展”、“李渔村奇石展”、“城市的记忆——长沙老照片展”、“潍坊风筝展”等展览，以及“相约天心——中秋拜月祈福会”、“长沙市民守护古城大签名”、“城市地标与旅游大家谈”等大型活动，大大丰富了天心阁的文化内涵。

2010年，天心阁一楼大厅内，重塑的文昌帝君和魁星神像栩栩如生，熠熠生辉，《湖南历代状元录》和《长沙地区进士录》分列塑像两旁，再显天心阁“振人文而答天心”的博大胸怀。

天心阁新塑文昌帝君和魁星神像

三、熏风亭畔南风熏

重建后的天心阁是一处融古典城阁和古典园林于一体的旅游景区，整个园林占地 3 公顷。天心阁下亭台楼阁，回环错列，假山嶙峋，奇花斗妍，乔木高参，风景宜人，成了市民和游客娱乐、休闲、游览、吟唱、晨练的极好去处。园内古迹全部得到了修复或重建，还修建了不少亭阁和休闲设施，除上篇已述的崇烈门和崇烈亭外，还有熏风亭、逸响亭、迎暾亭、名人石刻画廊、映山楼等。

天心阁北山门游道

雪松

游客服务中心

熏风亭位于北大门内西侧，始建于 1932 年，原为木构古亭。熏风，取自舜帝《南风歌》中“南风之熏兮，可以解吾民之愠兮；南风之时兮，可以阜吾民之财兮”之意。1938 年毁于“文夕大火”。1987 年于原址复建，为全花岗岩结构方形四柱亭。亭之东侧，一堵红色石壁立于池边，上刻“伦鉴”二字，意为池水如镜。迎春纤枝垂挂石壁，亭影倒映池中。亭内常闻京腔飞逸，笑语频传。亭周绿草如茵，玉兰、雪松高耸，四季花卉间植，清香阵阵，情趣盎然，令人惬意。其参天雪松传为著名爱国民主人士、1949 年领衔通电湖南和平起义的程潜将军亲手所植。方形石柱上镌刻著名

熏风亭

熏风亭远景

书画家彭吟轩先生题写的楹联，可谓旧名赋新意，古韵流今时。联曰：

低徊解愠日；

高唱阜民天。

逸响亭和迎暾亭两亭均为20世纪80年代新建，逸响亭在熏风亭的东南面，为八角亭。迎暾亭在古城墙之下，为六角亭。两亭小巧玲珑，仿木结构，歇山攒尖顶，飞檐翘角，盖栗色琉璃瓦，深藏在苍松翠柏之中，环境十分幽静。内置石桌、石凳，供游人休憩。

书法家赵家寰题逸响亭联颇有“逸响”之意，联云：

逸响亭

绕亭绿树生新籁；

隔叶黄鹂共好音。

书法家胡六皆题迎暾亭联云：

故城自有千秋意；

峻节能牵万古情。

名人石刻画廊穿插在景区东侧一片曲折起伏的假石山之中，颇有卧虎藏龙之势。画廊里共雕刻33位长沙历史名人画像，上自“崩葬于长沙”的古炎帝神农氏，下到清代中国第一位外交官郭嵩焘，分别为政治家（如

迎暾亭

假石山

炎帝雕像

屈原雕像

蔡伦雕像

贾谊雕像

张仲景雕像

怀素雕像

易元吉雕像

杜甫雕像

周敦颐雕像

文天祥雕像

李东阳雕像

王夫之雕像

魏源雕像

曾国藩雕像

左宗棠雕像

郭嵩焘雕像

贾谊、魏源）、军事家（如曾国藩、左宗棠）、理学家（如周敦颐、王夫之）、书画家（如欧阳询、怀素、易元吉）、文学家（如李东阳）、医学家（如张仲景）、发明家（如蔡伦）等，其中既有本土的湘人，又有在长沙为官的政绩卓著者（如辛弃疾、文天祥），还有流寓长沙并在此产生过重要影响的人物（如屈原、杜甫）。画廊采用玉竹石为原料，或线刻，或浮雕，造像求其神似，并将各自诗作名言镌刻一旁，一人一景，成为集绘画、书法、雕刻、园艺于一体的新景观。

映山楼是天心阁景区内一处集品茶、接待、牌艺、餐饮于一体的多功能游客接待中心，位于天心阁的西北角，登楼可远眺湘江，遥望生长于岳麓山的长沙市花映山红（又名杜鹃），欣赏“万山红遍”之美景，故名“映山楼”。其建筑风格和室内装饰颇具明清古典特色。环境幽雅、功能齐全、服务上乘，营业面积达300多平方米，具备容纳100人的大型会场，设有大小雅间12个。映山楼自2004年元月重新装修营业以来，共接待中外游客2万人次；并出色地接待了泰国公主诗琳通殿下、日本鹿儿岛市市长及世界旅游小姐一行的参观、考察活动；成功地举办了“中国长沙首届星城旅游形象大使选拔赛初赛”；接待各社会团体、单位在此举行联谊、联欢

映山楼

活动达 20 多场次；各种大小会议 80 余次。映山楼大门前镌刻着新中国首任长沙市市委书记曹瑛的一副旧联，颇合“映山”之意，联云：

天心纵目湘流远；

麓屏横翠橘洲浮。

茗香园位于景区北段古城墙之下，为半开放式长廊，主要对游客提供茶水、包点和棋牌等休闲娱乐服务。天心阁经营茶馆有着较长的历史，“文夕大火”后至 1952 年的十多年间，一直有私人业主在天心阁遗址上搭建简易铺房，开设茶馆。1952 年天心公园成立，接收茶馆老板曹大炎为公园职工，由公园经营茶馆。1955 年，公园投资 5000 余元，将茶厅改建一新，

20 世纪 70 年代在天心阁废址上建起的茶馆

天心阁老茶馆内景

茗香园

座无虚席的茶园

经营清茶、包点、烟酒，生意十分红火，每天茶客暴满，市民把能在这里争得一个坐位当成一大幸事，可谓人流如潮，热闹非凡。其时，天心阁的包子享誉省内外，常有江西、贵州、广西等地慕名前来者，成批购买携带回乡。今茗香园门前悬有一联，顾客一睹此联，顿觉花香、草香、茶香、包点香一齐沁入心脾。联云：

绿意满园归眼底；

悠香一缕入心头。

“文夕大火”警世钟立于天心阁南大门下的天心花苑，青铜铸造，上铸夔龙纹，重达1吨，悬挂在断壁残垣造型的铸铜雕塑横梁上，庄严而肃穆。2005年11月12日，值中国人民抗日战争胜利60周年和“文夕大火”67

2005年“文夕大火”警世钟落成仪式

“文夕大火”警世钟

周年之际，长沙市人民政府在这里举行隆重的"文夕大火"警世钟揭幕仪式，市领导和市民代表敲警钟12响。清脆的钟声响彻整个长沙城，告诫长沙人民永远记住1938年11月12日这一天，提醒人们要警惕法西斯势力的抬头和战争对人类的威胁，呼吁人们奋发图强，用勤劳和智慧实现中华民族的伟大复兴。"文夕大火"警世钟铭文如下：

麓山巍巍，湘水悠悠。古城长沙素有湖湘首邑、楚汉名城之称，雄伟壮丽，富庶繁华。公元一九三八年十月，武汉失守，日军犯湘，省会长沙骤临战区。十一月十一日，岳阳沦陷。十二日，日军进逼新墙河北。寇深祸亟，鹤警频生。湖南军警当局秉承最高当局"焦土抗战"之命，部署焚城。十二日夜半之后，南门某处突然火起，纵火士兵乃四出点火。顷刻之间，全城火柱冲天，浓烟滚滚，陷入火海。大火延烧五日之久，千古名城化为一片废墟，四十余万人民顿失家园，三千余人葬身火海，公私财产之损失无可数计。因十二日之代日韵目为"文"，故称"文夕大火"。长沙文夕大火，创巨痛深，实为长沙人民为抗敌御侮所付出的最悲壮、最惨重之代价。前事不忘，后世之师。兹值中国人民抗日战争胜利六十周年之际，长沙市人民政府特铸此钟，以期警钟长鸣，勿忘国耻，祈祷和平，振兴中华。

四、天心阁下古迹多

由于天心阁位于长沙龙伏山巅，占据天时地利，自古地位显赫，加之天心阁处于长沙古城风貌保护区的重要结点，因此以它为中心形成了长沙城南旅游圈。围绕天心阁分布着许多名胜古迹，有如众星捧月，且或多或

白沙古井门坊

白沙井

少与天心阁有着必然的联系。来到天心阁，也不妨到它周围去走走看看。

白沙井位于天心阁东南一里许，在天心区白沙路旁，自古为江南名泉之一，附近白沙街、白沙井街、白沙巷、白沙里、白沙岭、白沙湾、白沙游路等街道皆因白沙井而名。明《长沙府志》载：“白沙井，县东南二里，井仅尺许，清香甘美，通城官民汲之不竭，长沙第一泉。”清乾隆皇帝在《玉泉山天下第一泉记》中将白沙井与北京玉泉、塞上伊逊水、济南珍珠泉、扬子江金山泉、无锡惠山泉、杭州虎跑泉一道御定为全国七大名泉。

白沙井在锡山西坳，山基底为板岩，上部覆盖很厚的红土砾石层，地下水有承压性，泉脉甚旺，原老龙潭即为泉水所汇集。据清光绪《善化县志》记载：“白沙井，旧建亭，为游息品赏之处。亭废，建石坊一座，右题玉醴流甘，左题星泉溥润。巡抚觉罗敦福有记，勒石旁有南沙井、老龙井，涓流不竭，清冽次之。”长沙之雅称“星沙”，隐含“天星（心）与白沙”之意，故古联称白沙井为星泉。

民谚云：“无锡锡山山无锡，平湖湖水水平湖，常德德山山有德，长沙沙水水无沙。”清初诗人蔡以偁《白沙二泉记》中的白沙井，四周野气横生，充满着粗犷之美。他写道：“长沙城南五里地，鸡犬成村，桑麻可绘，不巷不衢。编茅藉竹，三四茅屋豁出平芜，迤逦石路数百步，半山垄、半田墅，沙石浴雨，倒树张伞，泉即出山下焉。满注不溢，取之不竭，甘逾醇酒，凉能醉人。折之西又得一泉，同老泉脉有如开双奁者焉。”

白沙井水为旧时长沙市民的主要饮用水源之一。康熙间岳麓书院讲席旷敏本《白沙井记》载：“时炎夏，近井居民净夕舀之，贮以巨缸，平日担入城，担可得钱七八。”沙水既已成商品，白沙井旁便出现了排队汲水

白沙井泉池

白沙井白沙仙女雕塑

的景象，汲水者以“后先为班次，担头各挂一瓢，班可容两人并舀”。文中记载，白沙井砌有阑甃，宽尺许，长倍之，深度略大于宽度，其形制已与今无异。白沙井水水质极佳，清乾隆间学者张九思《白沙泉记》描述：“其泉清香甘美，夏凉而冬温。煮为茗，芳洁不变；为酒，不酢不滓，浆者不腐；为药剂，不变其气味。三伏日饮者，霍乱、呕吐、泄泻，病良也。”清末长沙名流、史学家王先谦对白沙井水情有独钟，有诗咏曰：

寄我新芽谷雨前，呼奴饱汲白沙泉。

怪君诗思清如许，更有庐山活水煎。

今白沙井四周建为白沙古井公园，正面立石坊，右建古人诗文碑廊，左建仿古式茶馆，将井文化、水文化、茶文化融为一体，颇具长沙本土气息。长沙居民虽都早已用上了自来水，但提桶至白沙井取水者仍络绎不绝。

定王台位于天心阁北一华里，与天心阁同处在龙伏山山脊上，是长沙最古老的历史遗迹。千百年以来，长沙即有定王城的别称，杜甫诗“茅斋定王城郭门”可作佐证。定王刘发是汉景帝第十子，于公元前155年受封长沙王。在西汉初年的帝王眼中，长沙尚属不开化的“南蛮之地”，是名副其实的“卑湿贫国”，生存环境对于定居长安已经数代的刘氏王室成员来说，显然不大适宜。为什么景帝诸子中，刘发“待遇”最差，这与他在皇室中的地位有关。刘发的母亲唐姬，本来是侍候景帝姬程氏的宫女，当景帝还是太子的时候，在十分偶然的情况下与她发生过一次床笫之欢，结果有了身孕，生下刘发。在等级森严的皇室中，以母亲地位之卑微，刘发被打发到长沙来，也就是很自然的事了。不过，长沙国管辖的地区正是以“卑湿”的物候条件盛产稻米，大米对于地处西北的都城来说，无疑是难得的

1904 年改建为湖南图书馆时的定王台

定王台故址碑

盘中珍品。于是刘发频频运米去长安，又让车辆从长安带土回来，在城东龙伏山高敞之地筑起土台，以遥望长安，聊慰缱绻缠绵的思母之情。刘发死后，谥长沙定王，故名“定王台”。清诗人熊少牧诗云：

城东百尺倚崔嵬，迢递长安载土归。

一片夕阳春树绿，慈乌飞绕定王台。

清光绪湖南粮道夏献云《重修定王台碑记》中称：“湖湘人尚气节，风俗敦厚，虽乡愚僻壤，谈某也忠、某也孝，辄勃然色动，盖崇其根本，渐摩成化久矣。而千古不磨者，忠莫著于贾太傅，孝莫著于长沙定王，一宅一台，岿然独存。”随着时光流转，定王台屡历兴废，至1904年，被改建成湖南图书馆兼教育博物馆，成为我国最早的公共图书馆之一。1912年秋至1913年春，青年毛泽东寄居长沙新安巷湘乡试馆期间，每天步行到定王台读书，早晨他总是第一个进图书馆，直到傍晚闭馆才最后一个出来，中午以两个烧饼充饥。后来他回忆说：“在湖南图书馆自学的半年，是我学习历史中值得纪念的半年”，“从这时候起，我决心要为中国痛苦的人，世界痛苦的人服务！”军阀混战时期，这里一度被占为兵营，建筑物遭受严重破坏，至1938年，定王台毁于“文夕大火”，今存半截台基于市图书馆内，市政府在图书馆前立碑纪念。

吊马庄与倒脱靴是位于天心阁之西约200米远的两条老街，街名均源于古老的三国故事。东汉建安十三年（208），赤壁大战后，刘备领兵南征，取得长沙、武陵、桂阳、零陵四郡。千百年来流传许多传说，“关羽战黄忠”即是其中一个有名的故事，天心阁城下“吊马庄”等地名由此而来。传说，东汉末长沙城东南角城墙已修到今天心阁一带，关羽就是从这里攻城的。

吊马庄碑

吊马庄

南倒脱靴

南倒脱靴碑

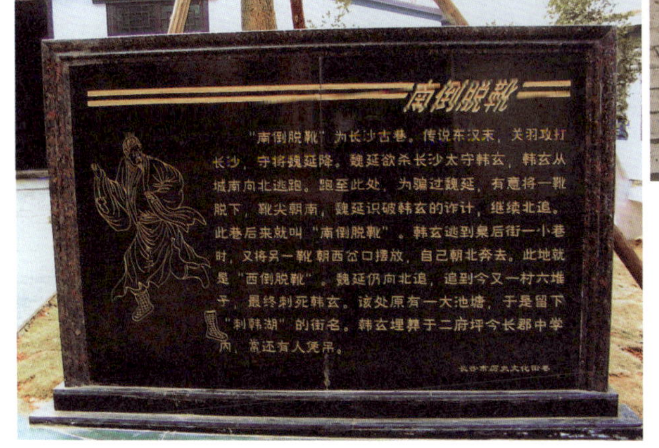
南倒脱靴
"南倒脱靴"为长沙古巷。传说东汉末，关羽攻打
长沙，守将魏延降。魏延欲杀长沙太守韩玄，韩玄从
城南向北逃跑。跑至此处，为骗过魏延，有意将一靴
脱下，靴尖朝南，魏延识破韩玄的诈计，继续北追。
此巷后来就叫"南倒脱靴"。韩玄逃到臬后街一小巷
时，又将另一靴朝西岔口摆放，自己朝北奔去。此地就
是"西倒脱靴"。魏延仍向北追，追到今又一村六堆
子，最终刺死韩玄。该处原有一大池塘，于是留下
"刺韩湖"的街名。韩玄埋葬于二府坪今长郡中学
内，常还有人凭吊。

长沙太守韩玄令老将黄忠出城迎战。关黄大战，两人都不忍杀死对手。先是关羽见黄忠马失前蹄，便放黄忠回城；后是黄忠连放两次空箭，第三箭仅射下关羽盔缨。韩玄责怪黄忠故意放空箭，命缚下处斩。正要斩首，魏延领兵救出黄忠。关羽率大军趁机攻入城内。传说关羽入城后，在今天心阁下的一块空坪内歇马，把马吊在这里的树上，自往一边歇息。后来关羽吊马的地方成了街巷，便取名叫“吊马庄”。黄忠救出后，刘备亲自上门恭请，黄忠终于归顺刘备。

“吊马庄”附近还有一条老街，叫“南倒脱靴”，也与关羽战长沙的故事有关。传说关羽攻占长沙后，降将魏延欲杀长沙太守韩玄。韩玄从城南向北逃跑，当跑到今天心阁下磨盘湾一小巷时，为骗过魏延，有意将一靴子脱下，靴尖朝南放着，自己仍向北奔走，此巷后来就叫“南倒脱靴”。魏延识破韩玄诈计，继续向北追去。韩玄逃到今解放西路一小巷岔口时，又将另一只靴朝西向岔口放着，自己朝北奔去。此巷后来就叫“西倒脱靴”。魏延仍向北追，追到今又一村六堆子那里，最终刺死了韩玄。那里原有一个大池塘，于是留下了“刺韩湖”的街名。韩玄被埋葬在距天心阁不远的二府坪今长郡中学内，墓碑“汉忠臣韩玄之墓”至今保存完好，不时还有游人来凭吊。

凤凰台今为街名，位于天心阁之北 50 米。天心阁地脉隆起，是长沙城登高览胜的最佳胜地。但清前期很长一段时间，天心阁为军事禁区，老百姓不能随便登临。于是，紧邻天心阁北部、属同一龙伏山脉的另一高地——凤凰台便成了全城百姓的游览胜地。民国李抱一《湖南省城古迹今释》追述当年的凤凰台是“珠帘翠幔，宝马香车，一番盛境”。今日

凤凰台虽早已不见“宝马香车”的盛况，但美丽的传说仍在流传。传说凤凰台因明吉王为其女儿凤凰公主建梳妆台于此处而得名。凤凰台附近的凤凰山、凤仪园等街道均以此得名。清康熙二十九年（1690）藩司黄性震在此建报慈寺。至道光间，香火渐衰，还有地痞盘踞寺中，招摇撞

凤凰台老街

天心阁下老街甘棠址

骗。藩司万贡珍查得，一边把地痞赶走，一边捐养廉银重修，恢复原状。万贡珍自撰碑记云：“此台踞城最高处，万家鳞比，一览无遗。有志者踏而增之，亦邑中之一胜。”咸丰初，寺侧设厂铸炮，名火药局，今天心阁下仍存“火药局”之街名。咸丰九年（1859）火药局发生爆炸，寺亦被毁。民国元年（1912），其地拨给培德女子学校作了校舍。民国诗人王啸苏《凤凰台》诗叹曰：

钿车曾是逐香尘，凤去台空迹已陈。

李杜峨峨题咏在，此邦挥翰可何人？

蔡道宪墓位于天心阁阁楼正对面的天心街，与天心阁隔街相望，是太平军战长沙时主要战场之一。天心街东侧有一高出街面约3米的古老墓基，墓基护坡与街面垂直，由花岗石砌成，长约10米，正上方一石上镌正楷阴文“蔡忠烈公墓石”，字迹清晰，并有“同治十二年（1873）藩宪重修”字样，古墓道石级上还残存有“忠魂千古”等石碑。蔡公名蔡道宪，字元白，号江门，福建晋江人，明崇祯丁丑进士，为长沙府推官。崇祯十六年八月二十六日（1643年10月8日），张献忠率大西军攻克长沙。蔡被捕，宁死不降，被张凌迟处死于明月池，年仅29岁。蔡的仆从、湘乡人凌国俊拾得尸体葬于里仁坡。然后自缢，亦葬于蔡墓旁。蔡公死后谥“忠烈”，长沙知府堵胤锡在墓前建蔡忠烈祠。以后蔡道宪墓多次修缮，靠熙台岭一侧重建蔡公祠。清邓显鹤将其诗文辑为《蔡忠烈公遗集》传世。清康熙间，湖南巡抚丁思孔曾作《重修蔡忠烈公墓记》，称赞蔡公“碧血如新，灵爽熠熠，塞天地，泣鬼神，千秋万世，历久弥光”。清初长沙廪生阎世亨《谒蔡江门先生墓》诗云：

蔡道宪墓

从蔡道宪墓高地平视天心阁

步署城隅更向东，崔嵬高冢啸薰风。

魂飞南国湘流洁，气挺西山麓寺空。

碧血荧荧霜并烈，丹心炯炯日争红。

先民卖国惭何极，义仆还欣似沈忠。

诗中“先民”指与蔡道宪同时的长沙总兵尹先民，时张献忠攻陷长沙时，尹即降之。沈忠是南宋末长沙知州李芾之部将，元兵陷长沙，李芾、沈忠均自杀殉国。义仆即指蔡公的仆从凌国俊。

长沙府学宫遗址位于天心阁西约一华里的南门口西文庙坪。自清乾隆年间天心阁城头上的文昌阁改额天心阁后，长沙府便在南门口新建了一座文昌阁。这座文昌阁隶属于长沙府学宫。长沙府学宫为长沙府十二县州的最高学府，始建于宋代。清咸丰二年（1852），太平军攻城，将学宫的魁星楼作炮轰目标，半椽无存。太平军退走后，长沙、善化、湘阴三县士民捐银 10 万两，学宫恢复如初。史载长沙府学宫最后一次大修在同治五年

长沙府学宫文昌阁旧影

长沙府学宫牌坊

（1866），由湖南巡抚李瀚章主持，规模较昔更为宏敞。正殿五进，依次为棂星门、大成殿、御碑亭、崇圣祠和尊经阁，西面为训导署、名宦祠、乡贤祠、射圃等，东面为教授署、明伦堂、文昌阁、屈子祠等，东南角上高耸魁星楼，可俯瞰城墙内外。

长沙府学宫毁于1938年“文夕大火”。今存“道冠古今”石坊，为长沙府学宫留下的唯一建筑，由花岗石砌成，高约10米，宽约6米。石坊始建于明代，清同治五年（1866）重建。石坊东面原有一座“德配天地”石坊，规制与今存石坊完全相同，惜于“文革”时为作“四旧”拆除。因“道冠古今”石坊的两端被民房卡住，而未拆成，故能幸存至今。古石坊共分三层，最下面的石廊上面有两头凸出的半米高的石狮子，中间有石绣球。第二层雕刻的是石竹、花草。第三层是镂空的石窗，有两条1米来长的鲤鱼。“道冠古今”和“贤关”坊额的上下为“二龙戏珠”镂空浮雕，盘龙错杂，宝珠为飞舞的“中国结”所缠绕，甚为精美。石坊两面的“道冠古今”四字和“贤关”二字完好如初，只是“贤关”二字上“文革”时所画上的红叉还依稀可辨。

简牍博物馆位于天心路，距天心阁东40米，与天心阁北园仅一街之隔，由陈列展示中心、简牍保护中心和简牍研究中心三大部分组成，2007年落成，对外开放。这里陈列和保存着1996年长沙市中心五一广场走马楼西侧的“平和堂商厦”建筑工地内22号古井里出土的一大批三国孙吴时代简牍，总数约14万余片，其数量超过了以往中国各地出土简牍的总和。长沙走马楼简牍的出土是20世纪继殷商甲骨文、敦煌石窟文书、西北屯戍简牍发现之后，中国文献档案方面的又一次重大发现，被评为中国1996

年十大考古发现之一。简牍从形状上看，长短、宽窄各异；从字体上看，工整有序，隶中带楷；从行笔上看，笔墨书写流畅清晰；从字数上看，多少不等，木牍每片80~120字，竹简每枚30~40字。这批简牍按其类别、形制用途，大致可分为券书类、司法文书类、长沙郡所属人名民簿类、名刺官刺类和账簿类五大类。

走马楼简牍具有极高的文献价值。据已整理的简牍，墨书纪年为黄龙元年（229）至嘉禾六年（238）。这是公元3世纪上半叶吴国长沙郡的一批极为珍贵的档案文书。嘉禾年间正是东吴孙权政权最为兴盛的时期。这批档案真实而详细地记录了当时人们的现实生活、经济关系和社会交往、风俗民情，为研究东吴的政治、经济、军事、文化、税赋、户籍、司法、

职官等方面的制度提供了难得的第一手资料。三国时期魏、蜀、吴的出土文献资料寥寥无几，长沙走马楼简牍的出土当可弥补文献史料之不足。仅一种长 50 厘米左右的大木简，完好或基本完好的就有 2480 片；其余的是竹简。2000 多枚大木简每简约容 100 字；竹简每简平均容字以 20 计，14 万片即是 280 万字，即使有半数漫漶不清，也有 140 万字左右。如此算来，这批简牍至少有 190 万字左右的内容，不但超出《三国志·吴书》十数倍，而且也大大超出《三国志》的总字数，为研究孙吴的社会经济问题提供了丰富的资料。另外，简牍书法颇具汉隶风格，对研究中国书法的演变史极具价值。

长沙简牍博物馆

附：历代天心阁修葺情况

1. 明崇祯十一年（1638），长沙知府王期昇增建天心阁瓮城，并加固阁楼。

2. 清顺治十一年（1654），经略洪承畴拆明吉藩府城砖，对城墙与天心阁进行彻底修葺。

3. 乾隆十一年（1746），湖南巡抚杨锡绂将天心阁下都司废署改建为城南书院，在对城墙进行彻底整修的同时，对天心阁（当时还叫文昌阁）进行了一次彻底的修葺。

4. 乾隆二十年（1755）前后，文昌阁进行全面修葺后，更名为天心阁，原天星（心）阁废弃。

5. 乾隆三十年（1765）前后，几任湖南巡抚王检、李因培等委善化县知县将天心阁从一层加建至两层。

6. 乾隆四十二年（1777），湖南巡抚觉罗敦福在修复城南书院的同时，对天心阁进行一次重修，事毕，邀请李汪度撰写《重修天心阁记》。

7. 嘉庆十八年（1813），城南书院山长罗畸等捐款重修天心阁。

8. 嘉庆二十五年（1820），湖南巡抚李尧栋将天心阁从二层加建至三层，并在阁下加固南北两个瓮城。

9. 咸丰二年（1852），太平军奔袭长沙，昼夜轰城，对城墙与天心阁造成严重损毁。咸丰三年（1853），湖南巡抚骆秉章下令修复城墙与天心阁，并在阁之左右加设炮台九座，并派重兵把守。此次修复工费为全城之最。

10. 咸丰十一年（1861），湖南巡抚毛鸿宾对城墙与天心阁进行了一次全面修葺。

11. 同治三年（1864），湖南巡抚恽世临重建天心阁并重垒阁下城墙，将阁下城墙顶面地盘扩大七丈多，新建阁楼宽度比原来增加一倍，高度达五丈，同时新建了走廊与扶栏，阁下内城建口岸四级。

12. 同治四年（1865），湖南巡抚李翰章对天心阁进行了一次精心修葺，历时五个多月，耗费十五万余文（包括1861年的修葺与1864年的新建）。同年十月，郭崑焘应邀撰书《修天心阁记》并刻石，现有拓片藏湖南省博物馆。

13. 同治八年（1869），湖南巡抚刘崐对天心阁进行全面修葺。在主阁前建两层副楼，副楼前开有一条南北向通道，通道靠城墙边沿上建有石护栏。副楼南北两端建高大的垛墙，全部建筑占据城墙上的地盘。

14. 光绪三十一年（1905），湖南巡抚端方对天心阁进行大修。

15. 民国十三年（1924），长沙古城墙拆除完毕，在市政公所总理曹典球等人的极力主张之下，保留了天心阁这一段城墙及古阁楼。省长赵恒惕令警察厅长刘武为首，将天心阁及阁下城墙修葺完好，并仿照北京文渊阁增建二轩，接以复道。

16. 民国十五年（1926），唐生智主湘时决定将天心阁重建为主附三阁，刚建到阁墩，因省府连番改组，无暇顾及此事，遂至资费不济，工停事废。

17. 民国十七年（1928），宁乡人鲁岱接任市政筹备处长，呈请省府拨款六千元，完成了天心阁重建。重建的天心阁，三阁鼎峙，矗立天空，画栋飞云，珠帘卷雨，别有一番新气象。阁之南北两端，以旧城垣为引道，中嵌石磴，左右护以白石栏杆。

18. 民国二十一年（1932），何元文出任长沙市首任市长，在天心阁之北建“儿童健康公园”，首先对天心阁进行了一番修葺，在北向园内建了一些儿童游乐设施，并建熏风亭。

19. 民国二十七年（1938），“文夕大火”，天心阁付之一炬。火后，在废墟上建防御工事和防空设施。

20. 1983年，长沙市政府重建天心阁，工程历时一年九个月，耗资104.8万元，于次年12月1日竣工开放。阁楼由一主两附组成，主阁三层，高17.5米，附阁二层，高10米。黄瓦朱楹，飞檐翘角，雄伟壮丽。南北附阁与主阁之间接以通廊，两通廊横轴线向前弱成合抱之势，高空俯瞰，如鸟张翼，势欲腾空。

后记

本书是在长沙市天心阁管理处的策划和主持下完成的。管理处的负责人和管理人员张少林、王静、钱伟明、易桂军、王凯民、沙伟等同志出力最多。尤其要感谢已退休的天心阁管理处原副主任、书法家冯建平先生，其编著的《天心阁史话》一书所搜集的大量原始资料，为本书的写作提供了宝贵的养分。写作过程中还参考了梁小进、杨锡贵先生所著《长沙历史风云》一书。

本书所录图片除本人拍摄和搜集的外，提供图片者还有陈览月、乔育平、罗雄、龚智强、梁小进、周英、冯建平、沙伟、沈小丁等先生，在此一并致谢。

陈先枢

2010 年 8 月